철학의 문제들
THE PROBLEMS OF PHILOSOPHY

돋을새김 푸른책장 시리즈 039

철학의 문제들

초판 발행 2025년 10월 24일

지은이 | 버트런드 러셀
옮긴이 | 권혁
발행인 | 권오현

펴낸곳 | 돋을새김
주소 | 경기도 고양시 일산동구 하늘마을로 57-9 301호 (중산동, K시티빌딩)
전화 | 031-977-1854 **팩스** | 031-976-1856
홈페이지 | http://blog.naver.com/doduls **전자우편** | doduls@naver.com
등록 | 1997.12.15. 제300-1997-140호
인쇄 | 금강인쇄(주)(031-943-0082)

ISBN 978-89-6167-371-6 (03100)
Korean Translation Copyright ⓒ 2025, 권혁

값 14,000원

*잘못된 책은 구입하신 서점에서 바꿔드립니다.
*이 책의 출판권은 도서출판 돋을새김에 있습니다. 돋을새김의 서면 승인 없는
무단 전재 및 복제를 금합니다.

돋을새김
푸른책장
시 리 즈
039

철학의 문제들

버트런드 러셀 지음 | 권혁 옮김

돋을새김

✳ ✳ ✳

철학은 질문들 자체를 위해 연구되어야 한다.

– 버트런드 러셀 –

버트런드 러셀(Bertrand Russell 1872~1970)

***

르네 데카르트(Rene Descartes 1596~1650)
근대철학의 아버지로 불리며 합리주의 철학을 정립했다. 확실한 지식을 얻기 위해 모든 것을 의심하는 방법적 회의를 제시하며 '나는 생각한다. 그러므로 존재한다(Cogito, ergo sum)'라는 명제를 도출했다. 인간의 정신과 육체를 구분하는 이원론을 주장했으며 근대 과학 탐구의 기초를 마련했다.

* * *

고트프리트 라이프니츠(Gottfried Leibniz 1646~1716)
독일의 철학자이며 수학자. 데카르트와 함께 근대 합리주의 전통에 서 있으며 이성을 통해 진리에 도달할 수 있다고 생각했다. 데카르트는 물질과 정신을 이원론적으로 나누고 기계론적 인과로 세계를 이해하려 한 반면, 라이프니츠는 더 이상 쪼갤 수 없는 실체이자 정신적 단위인 '모나드(monad)'의 조화로운 관계로 이루어진다고 보았다.

***
존 로크(John Locke 1632~1704)
경험론을 대표하는 영국의 철학자. 데카르트의 이성에 바탕을 둔 철학을 거부하고 인간 지식의 원천은 오로지 경험을 통해 이루어진다고 믿었다. 인간의 마음을 '백지 상태(Tabula rasa)'에 비유하며 선천적인 관념이 아니라 감각 경험에서 사고 과정을 통해 지식이 확장된다고 주장했다.

***
조지 버클리(George Berkeley 1685~1753)
영국의 경험론 철학자이며 관념론자. '존재하는 것은 지각되는 것이다'라는 명제로 유명하다. 로크는 감각 자료가 외부 세계의 사물을 반영한다고 보았으나, 버클리는 모든 존재는 지각 속에서만 의미를 가진다고 주장했다.

* * *
데이비드 흄(David Hume 1711~1776)
로크와 버클리의 경험론을 계승하면서도 더 급진적으로 발전시킨 철학자이다. 인간 지식의 근거가 감각 경험과 반복되는 습관에 있다고 주장하며 인간 이성의 한계를 주장하는 회의주의적 경험론을 드러냈다. 훗날 칸트는 '흄이 나를 독단의 잠에서 깨웠다'고 고백할 정도로 흄과 칸트의 철학은 사상적 연속성을 보여준다.

* * *

임마누엘 칸트(Immauel Kant 1724~1804)
계몽주의 시대 독일의 철학자. 인간 이성이 지닌 한계와 가능성을 탐구하여 그의 철학은 '비판 철학'으로 불린다. 경험론과 합리론을 종합하여 인식은 감각 경험(감성)과 이를 구조화하는 선험적 인식구조(시간, 공간, 범주)의 결합으로 이루어진다고 보았다.

차례

서문 14
제1장 외형과 실체 15
제2장 물질의 존재 29
제3장 물질의 본성 43
제4장 관념론 57
제5장 직접 인식에 의한 지식과 기술에 의한 지식 71
제6장 귀납에 대하여 91
제7장 일반 원리에 관한 우리의 지식 105
제8장 선험적 지식은 어떻게 가능한가 121

제9장 보편자의 세계 135
제10장 보편자에 대한 우리의 지식 151
제11장 직관적 지식에 대하여 165
제12장 진리와 거짓 177
제13장 지식, 오류 그리고 개연적인 의견 193
제14장 철학적 지식의 한계 207
제15장 철학의 가치 223
- 참고문헌 235
- 부록: 《철학의 문제들》에 대하여 236

서문

이 책에서 나는 부정적인 비판만으로는 적절하지 않다고 생각되는 철학의 문제들 가운데, 주로 긍정적이고 건설적인 내용을 말할 수 있다고 판단한 주제들에 한정했다. 이런 이유로, 형이상학보다 인식론이 더 큰 비중을 차지하며, 철학자들 사이에서 논의가 활발했던 일부 주제들은 아주 간략하게, 혹은 전혀 다루지 않았다.

G. E. 무어와 J. M. 케인스의 미출간 원고로부터 많은 도움을 받았다. 전자는 감각자료와 물리적 대상의 관계에 관한 부분에서, 후자는 확률과 귀납에 관한 부분에서 그러했다. 또한 길버트 머리 교수Gilbert Murray의 비평과 제안으로부터 큰 도움을 받았다.

1912

제1장 외형과 실체
APPEARANCE AND REALITY

합리적인 사람이라면 아무도 의심할 수 없을 정도로 확실한 지식이 이 세상에 있을까?

언뜻 보기에 어렵지 않아 보이는 이 질문이 실제로는 가장 어려운 질문들 중 하나이다. 이 질문에 간단하고 자신 있게 대답하는 데 장애가 되는 여러 문제들을 깨닫게 된다면, 우리는 철학 공부를 제대로 시작하게 되는 것이다.

철학이란 이런 궁극적인 질문에 대해 일상생활이나 심지어 과학에서처럼 경솔하거나 독단적으로 답하는 것이 아니라, 그 질문들이 왜 그렇게 혼란스러운지 깊이 탐구하고, 우리의 평범한 생각들 아래에 깔려 있는 모든 모호함과 혼란을 인식한 후에 비판적으로 답하려는 시도이기 때문이다.

일상생활에서 우리는 많은 것들을 확실하다고 가정하지만,

좀 더 면밀히 살펴보면 명백한 모순으로 가득 차 있어서, 우리가 실제로 무엇을 믿을 수 있는지를 알기 위해서는 오랜 사유가 필요하다는 것을 알게 된다.

확실성을 추구할 때 현재의 경험에서 시작하는 것은 당연하며, 어떤 의미에서는 의심할 여지없이 지식은 경험에서 도출되어야 한다. 그러나 즉각적인 경험을 통해 우리가 아는 것이 무엇인지를 진술하는 것은 틀릴 가능성이 매우 높다.

지금 나는 의자에 앉아 있고, 일정한 모양의 탁자 위에 글씨나 무언가가 인쇄된 종이들을 보고 있다고 생각한다. 고개를 돌리면 창밖으로 건물과 구름, 태양이 보인다. 나는 태양이 지구에서 약 9,300만 마일 떨어져 있고, 지구보다 몇 배나 큰 뜨거운 천체이며, 지구의 자전으로 인해 매일 아침 떠오르고, 앞으로도 언제까지나 계속 떠오를 것이라고 믿는다.

다른 평범한 사람이 내 방에 들어오면 내가 보는 것과 똑같은 의자와 탁자, 책과 종이를 보게 될 것이며, 내가 보는 탁자는 내 팔을 누르는 느낌의 탁자와 같다고 믿는다. 이 모든 것은 내가 제대로 아는 것이 없을 것이라고 의심하는 사람에게 대답하는 경우가 아니라면 굳이 말할 가치조차 없어 보일 만큼 자명해 보인다. 그러나 이 모든 것은 충분히 의심될 수 있으며, 전적으로 참이라고 확신할 수 있는 형태로 진술하기 위해서는 신중한 논의가 많이 필요하다.

우리의 문제를 분명히 하기 위해 탁자에 주목해 보자.

눈으로 보면 탁자는 갈색의 반짝이는 직사각형이고, 손으로 만지면 매끄럽고 차갑고 단단하다. 손가락으로 두드리면 나무 소리가 난다. 탁자를 보고, 만지고, 두드려 소리를 들어본 다른 사람도 이 묘사에 동의할 것이다.

겉으로 보기에는 아무런 문제가 없을 듯하지만, 더 정확하게 하려고 하면 곤란이 시작된다. 나는 탁자가 실제로는 전체가 같은 색이라고 믿지만, 빛을 반사하는 부분은 다른 부분보다 훨씬 밝게 보이고, 반사 때문에 일부는 하얗게 보인다. 내가 움직이면 빛을 반사하는 부분이 달라지고, 그에 따라 탁자 위 색의 분포도 달라진다.

따라서 여러 사람이 동시에 탁자를 본다면, 똑같은 위치에서 보지 않는 한 그 누구도 완전히 같은 색의 분포를 보지 못한다. 시점이 조금이라도 달라지면 빛이 반사되는 방식에도 변화가 생기기 때문이다.

대부분의 실용적인 목적에서는 이러한 차이가 중요하지 않지만, 화가에게는 매우 중요하다. 화가는, 상식이 말하는 대로 사물에 '실제로' 색이 있다고 보는 습관을 버리고, 보이는 그대로 사물을 보는 습관을 익혀야 한다.

여기서 우리는 이미 철학에서 가장 많은 혼란을 일으키는 구분 가운데 하나, 즉 '겉모습'과 '실체'의 구분, 사물이 어떻게 보이는가와 실제로 어떠한가의 구분에 이르게 된다. 화가는 사물이 어떻게 보이는지를 알고 싶어 하고, 실용적인 사람과 철학자는 그것이 실제로 무엇인지를 알고 싶어 한다. 그러나 철학자의 이런 욕구는 실용적인 사람보다 더 강하며, 그 질문에 답하는 것이 얼마나 어려운지에 대한 인식 때문에 더 큰 혼란을 겪는다.

다시 탁자로 돌아가 보자. 지금까지 살펴본 바로는, 탁자 전체나 특정한 부분이 본래 가진다고 할 만한 색은 없다는 것이 분명하다. 보는 위치가 달라지면 색도 달라 보이고, 어느 하나를 다른 것보다 더 '진짜' 색이라고 할 이유도 없다. 게다가 같은 위치에서 보더라도 인공조명 아래에서는 색이 달라 보이고, 색맹이거나 파란색 안경을 낀 사람에게는 또 다르게 보인다.

어두운 곳에서는 촉각이나 청각에는 변함이 없지만 색은 전혀 보이지 않는다. 색은 탁자에 본래 내재한 것이 아니라, 탁자와 관찰자 그리고 빛이 탁자에 비치는 방식에 따라 달라지는 것이다. 우리가 일상적으로 탁자의 색이라고 말할 때는, 보통의 관찰자가 일반적인 시점에서 평상시의 조명 아래서 보았을 때 그렇게 보이는 색을 의미할 뿐이다. 그러나 다른 조건에서 나타나는 색들도 똑같이 실제의 색이라고 할 권리가 있다. 그러므로 특정 색만을 우대하지 않으려면, 탁자 자체로서는 어떤 한 가지 색을 가진다고 말할 수 없게 된다.

질감도 마찬가지다. 육안으로 보면 나뭇결이 보이지만, 그 외에는 매끄럽고 고른 것처럼 보인다. 그러나 현미경으로 들여다보면, 거친 부분과 봉우리와 골짜기 그리고 육안으로는 전혀 감지할 수 없는 온갖 차이들이 보일 것이다. 그렇다면 이 가운데 어느 것이 '실제' 탁자일까? 우리는 흔히 현미경으로 본 것이 더 실제라고 말하고 싶어 하지만, 더 강력한 현미경으로 보면 그것조차 또 달라질 것이다. 그렇다면 육안으로 보는 것을 신뢰할 수 없다면, 왜 현미경으로 본 것은 신뢰해야 한단 말인가?

이렇게 해서 처음에 가졌던 감각에 대한 확신은 다시 우리를 떠나게 된다.

탁자의 형태도 사정은 다르지 않다. 우리는 사물의 '실제' 형태를 판단하는 습관이 있고, 이를 너무 무심코 하다 보니 실제 형태를 눈으로 본다고까지 믿게 된다. 그러나 그림을 그리려 하면 누구나 알게 되듯, 사물은 보는 위치마다 형태가 다르게 보인다.

탁자가 '실제로' 직사각형이라면, 거의 모든 위치에서 두 개는 예각, 두 개는 둔각을 가진 것처럼 보일 것이다. 마주 보는 변이 평행이라면, 관찰자로부터 멀어지는 방향으로 한 점에 모이는 것처럼 보이고, 길이가 같더라도 가까운 쪽이 더 길게 보인다. 이러한 현상들은 우리가 탁자를 볼 때 대개 알아차리지 못하는데, 보이는 형태로부터 '실제' 형태를 재구성하도록 경험이 가르쳤기 때문이다.

실용적인 사람에게 중요한 것은 이 '실제' 형태다. 그러나 '실제' 형태는 우리가 직접 보는 것이 아니라, 본 것으로부터 추론해낸 것이다. 그리고 보는 위치가 바뀔 때마다 형태는 계속 달라 보인다. 그러므로 여기서도 감각이 우리에게 알려주는 것은 탁자 자체의 진실이 아니라, 탁자의 겉모습에 불과한 듯하다.

촉감을 고려할 때도 비슷한 어려움이 발생한다. 탁자가 항상 딱딱한 느낌을 주는 것은 사실이며, 우리는 탁자가 압력에 저항한다고 느낀다. 그러나 우리가 얻는 감각은 탁자를 얼마나 세게 누르느냐에 따라, 또한 신체의 어떤 부분으로 누르느냐에 따라 달라지므로, 다양한 압력이나 신체의 여러 부분으로 인한 다양한 감각은 탁자의 명확한 속성을 직접적으로 드러낸다고 할 수 없다. 기껏해야, 모든 감각을 일으키는 어떤 성질이 있을지도 모른다는 징후일 뿐이고, 그 성질 자체가 감각 속에 실제로 나타나는 것은 아니다. 그리고 탁자를 두드려서 만들어낼 수 있는 소리도 마찬가지다.

만약 '실제'로 존재한다면, 탁자는 시각이나 촉각, 청각으로 직접 경험하는 것과 동일하지 않다는 것이 분명해진다. '실제'로 탁자가 존재한다 해도 직접 알 수는 없으며, 직접적으로 알려진 것으로부터 추론해야만 한다. 여기서 곧바로 두 가지 매우 어려운 질문이 제기된다.

1. 실제 탁자가 존재하는 걸일까?
2. 그렇다면 어떤 성질을 가진 대상일까?

이 질문들을 살펴보려면 의미가 명확하고 분명한 몇 가지 용어를 정해 두는 것이 도움이 된다. 먼저, 감각에 직접 알려지는 것들 — 예를 들어 색, 소리, 냄새, 단단함, 거침 등 — 을 '감각자료'라 부르자. 그리고 이러한 것들을 직접 인식하는 경험을 '감각'이라고 부르기로 하자. 따라서 우리가 어떤 색을 볼 때, 우리는 그 색에 대한 '감각'을 갖지만, 색 자체는 '감각자료'이지 '감각'이 아니다. 색은 우리가 직접 인식하는 대상이고, 그 인식 행위 자체가 감각이다.

탁자에 대해 무엇인가를 알 수 있다면, 그것은 탁자와 관련해 우리가 경험하는 갈색, 직사각형, 매끄러움 등과 같은 감각자료를 통해서일 것이다. 그러나 앞서 말한 이유들 때문에, 탁자가 곧 감각자료라고 할 수 없으며, 감각자료가 곧 탁자의 속성이라고도 말할 수 없다. 따라서, 만약 그런 것이 존재한다면, 감각자료와 실제 탁자의 관계가 문제로 떠오르게 된다.

만약 실제로 존재한다면, 우리는 그 탁자를 '물리적 대상'이라고 부르기로 하자. 그렇다면 감각자료와 물리적 대상의 관계를 살펴봐야 한다. 모든 물리적 대상을 합친 것을 '물질'이라고 한다. 이렇게 해서 우리의 두 가지 질문은 다음과 같이 다시 제기될 수 있다.

1. 물질이라는 것이 실제로 존재하는가?
2. 그렇다면 그것의 본성은 무엇인가?

감각을 통해 직접 인식하는 대상이 우리와 무관하게 독립적으로 존재하지 않는다는 이유를 처음으로 본격적으로 제시한 철학자는 버클리 주교*(Bishop Berkeley, 1685~1753)였다. 그의 저서 《회의론자와 무신론자에 반대하는 힐라스와 필로누스의 세 가지 대화》에서 그는 물질이라는 것은 전혀 존재하지 않으며, 세계는 오직 정신과 정신의 관념으로만 이루어져 있다고 주장한다. 힐라스는 그때까지 물질의 존재를 믿어 왔으나, 필로누스와의 논쟁에서 번번이 모순과 역설에 몰리고, 결국 필로누스의 물질 부정을 거의 상식처럼 보게 된다.

버클리가 사용한 논증 중에는 중요하고 건전한 것도 있지만, 혼란스럽거나 억지에 가까운 것도 있다. 그럼에도 버클리는 물

---

* '감각자료와 실제 대상의 관계' 문제를 역사적으로 가장 극단적으로 전개한 사례로 러셀은 버클리를 소개하고 있다.

질의 존재가 모순 없이 부정될 수 있다는 점, 그리고 만약 우리와 무관하게 존재하는 것이 있다 하더라도 그것이 우리의 감각에서 직접 인식되는 대상일 수는 없다는 점을 보여 준 공로를 남겼다.

물질이 존재하는지를 묻는 데에는 서로 다른 두 가지 질문이 얽혀 있으며, 이를 분명히 구분하는 것이 중요하다. 우리가 흔히 '물질'이라고 할 때는 '정신'에 반대되는 것으로, 공간을 차지하며 어떤 형태의 사고나 의식을 전혀 가질 수 없는 것으로 생각한다.

버클리는 주로 이 의미에서 물질을 부정한다. 즉, 우리가 흔히 탁자의 존재를 나타내는 표시라고 여기는 감각자료가 실제로는 우리와 무관하게 존재하는 어떤 것의 표시라는 점은 인정하지만, 그 '어떤 것'이 비정신적인 것, 곧 정신도 아니고 정신이 떠올리는 어떤 관념도 아닌 것이라는 생각은 부정한다. 그는 우리가 방을 나가거나 눈을 감았을 때에도 계속 존재하는 무언가가 반드시 있으며, 탁자를 본다고 할 때 그것이 보지 않을 때에도 지속되는 어떤 것을 믿을 이유를 준다는 점을 인정한다.

그러나 그 '무언가'가 우리가 보는 것과 본질적으로 완전히 다른 성질을 가질 수 없으며, 보는 행위와 완전히 무관할 수는 없다고 본다. 다만 그것은 우리가 보는 행위에는 의존하지 않아야 한다. 이런 이유로 그는 '실제' 탁자를 신의 정신 속에 있는 하나의 관념으로 본다. 이 관념은 우리와 무관하게 지속성과 독립성을 가지지만, 물질처럼 결코 직접 인식할 수 없고 오직 추론으로만 알 수 있는, 전적으로 알 수 없는 것이 되지는 않는다.

버클리 이후의 다른 철학자들 중에서도, 탁자가 나에게 보이는지 여부에 따라 존재가 결정되는 것은 아니지만, 어떤 정신 — 반드시 신의 정신일 필요는 없고, 오히려 우주의 모든 정신을 합한 '집합적 정신' — 에 의해 인식되거나(혹은 감각을 통해 파악되거나) 해야만 존재한다고 보는 이들이 있었다. 이들은 버클리와 마찬가지로, 현실적인 것은 — 적어도 실제라고 알려진 것은 — 정신과 그 정신의 생각과 감정뿐이라고 믿었기 때문에 이런 입장을 취했다.

그들의 논거를 다음과 같이 요약할 수 있을 것이다.

'생각할 수 있는 모든 것은 그것을 생각하는 사람의 정신 속에 있는 관념이다. 그러므로 정신 속의 관념이 아닌 것은 생각할 수 없다. 따라서 그 밖의 것은 상상할 수도 없고, 상상할 수 없는 것은 존재할 수 없다.'

이런 논증은 잘못된 것이라고 생각한다. 물론 이런 주장을 내세우는 사람들이 이렇게 짧고 거칠게 표현하지는 않는다. 그러나 타당하든 않든, 이 논증은 여러 형태로 널리 제시되어 왔으며, 많은 철학자들 — 아마도 다수 — 이 현실적인 것은 정신과 그 정신의 관념뿐이라고 주장해 왔다. 이러한 철학자들을 '관념론자(觀念論者, idealist)'라고 부른다.

그들이 물질을 설명할 때는, 버클리처럼 물질은 실제로는 관념들의 집합에 불과하다고 하거나, 라이프니츠(Leibniz, 1646~1716)처럼 물질로 보이는 것은 사실상 정도의 차이는 있으나 미발달한 정신들의 집합이라고 말한다.

그러나 이 철학자들은 정신에 대립하는 의미에서의 물질은 부정하지만, 다른 의미에서는 물질을 인정한다. 앞에서 우리가 두 가지 질문을 던졌다는 점을 기억할 것이다. 1. 실제 탁자가 존재하는가? 2. 그렇다면 그것은 어떤 대상인가?

버클리와 라이프니츠 모두 실제 탁자가 존재한다는 점은 인정하지만, 버클리는 그것이 신의 정신 속에 있는 일정한 관념들이라고 하고, 라이프니츠는 그것이 영혼들의 집합이라고 말한다. 따라서 두 사람 모두 첫 번째 질문에는 긍정적으로 답하면서, 두 번째 질문에 대한 대답에서만 일반인의 견해와 갈라진다. 사실 거의 모든 철학자들은 실제 탁자가 존재한다는 데 동의하는 듯하다.

색, 형태, 매끄러움 등 감각자료가 아무리 우리에게 의존한다 해도, 그 감각자료의 발생이 우리와 무관하게 존재하는 어떤 것, 어쩌면 감각자료와 전혀 다른 어떤 것의 징후이며, 우리가 실제 탁자와 적절한 관계에 있을 때마다 그 감각자료를 발생시키는 원인으로 보아야 한다는 점에는 거의 모두가 동의한다.

철학자들이 의견을 같이하는 이 지점 — 즉 실제 탁자가 어떤 성질을 지니든 간에 존재한다는 견해 — 는 분명 매우 중요하다. 따라서 실제 탁자의 성질이 무엇인지를 묻는 다음 단계로 나아가기 전에, 이 견해를 받아들일 만한 이유가 무엇인지 살펴볼 가치가 있다. 그러므로 다음 장에서는 실제 탁자가 존재한다고 가정할 이유들에 대해 논의할 것이다.

더 나아가기 전에, 지금까지 우리가 무엇을 밝혀냈는지 잠시 돌아보는 것이 좋겠다.

감각으로 알 수 있다고 여겨지는 어떤 흔한 대상을 택해 보면, 감각이 우리에게 직접 전해 주는 것은 그 대상이 우리와 무관하게 존재하는 그대로의 진실이 아니라, 우리가 보기에는 우리와 그 대상 사이의 관계에 의존하는 감각자료에 대한 진실일 뿐이라는 점이 드러났다. 따라서 직접 보고 느끼는 것은 단지 '겉모습'이며, 우리는 그것이 그 뒤에 있는 어떤 '실체'를 나타내는 표시라고 믿는다. 그러나 그 실체가 겉모습이 아니라면, 과연 실체가 존재하는지 알 수 있는 방법이 있을까? 그렇다면 그것이 어떤 것인지 알아낼 방법이 있을까?

이런 질문들은 우리를 어리둥절하게 만들고, 아무리 기이한 가설이라도 참일 수 있다는 생각을 피하기 어렵게 한다. 지금까지는 거의 아무런 생각도 불러일으키지 않던 익숙한 탁자가 이제 놀라운 가능성으로 가득한 문제로 변했다.

우리가 아는 한 가지는 그것이 겉으로 보이는 그대로가 아니라는 점뿐이다. 이 소박한 결론을 넘어서는 순간, 우리는 가장 자유롭게 추측할 수 있다. 라이프니츠는 그것이 영혼들의 공동체라고 말하고, 버클리는 신의 정신 속에 있는 하나의 관념이라고 말하며, 차분한 과학은 그에 못지 않게 경이롭게도 그것이 격렬하게 움직이는 전하(電荷)들의 거대한 집합이라고 말한다.

이러한 놀라운 가능성들 가운데, 혹시 아예 탁자라는 것이 존재하지 않을지도 모른다는 의심까지 제기된다. 철학은 우리가 바라는 만큼 많은 질문에 답을 줄 수는 없을지라도, 세상에 대한 흥미를 더해 주고, 일상에서 가장 흔한 것들 속에도 표면 바로 아래에 기묘함과 경이로움이 숨어 있음을 보여 주는 질문을 던질 힘은 지니고 있다.

제2장 물질의 존재
THE EXISTENCE OF MATTER

이번 장에서 우리는 어떤 의미에서든 물질이라는 것이 존재하는지를 스스로에게 물어보아야 한다. 일정한 고유의 성질을 갖고 있으며 내가 보지 않을 때에도 계속 존재하는 탁자가 있는가, 아니면 탁자는 단지 나의 상상 속에서 만들어진, 매우 길게 이어지는 꿈속의 '꿈의 탁자'일 뿐인가? 이 질문은 대단히 중요하다.

만약 우리가 사물의 독립적인 존재를 확신할 수 없다면, 다른 사람의 몸이 독립적으로 존재한다는 것도 확신할 수 없고, 따라서 다른 사람의 정신은 더더욱 확신할 수 없다. 우리는 다른 사람의 정신을, 그들의 몸을 관찰해서 얻은 근거 외에는 믿을 이유가 없기 때문이다. 그러므로 사물의 독립적인 존재를 확신할 수 없다면 우리는 황야에 홀로 남게 될 것이며, 어쩌면 외부세계 전체가 단지 하나의 꿈에 불과하고, 오직 우리 자신만이 존재할 수도 있다. 이는 불편한 가능성이지만, 엄밀하게 거짓임을 증명할 수는 없다 해도 그것이 사실이라고 믿을 만한 이유는 조금도 없다. 이번 장에서는 그 이유가 무엇인지 살펴볼 것이다.

의심스러운 문제로 들어가기 전에, 출발점이 될 수 있는 어느 정도는 확고한 지점을 찾아보기로 하자. 우리는 탁자의 물리적 존재를 의심하고 있지만, 탁자가 있다고 생각하게 만든 감각자료의 존재를 의심하는 것은 아니다.

우리가 바라볼 때 일정한 색과 형태가 눈에 들어오고, 누를 때 일정한 단단함이 느껴진다는 사실을 의심하는 것도 아니다. 이런 모든 것, 즉 심리적인 부분은 문제 삼지 않는다. 사실 다른 것은 모두 의심스럽다 해도, 우리의 즉각적인 경험 가운데 일부는 절대적으로 확실해 보인다.

근대 철학의 창시자인 데카르트(Descartes, 1596~1650)는 지금도 유익하게 쓸 수 있는 방법, 즉 체계적으로 의심하는 방법을 고안했다. 그는 아주 명확하고 뚜렷하게 참이라고 인식하지 않는 것은 아무것도 믿지 않기로 했다. 스스로 의심할 수 있는 것은 무엇이든, 의심하지 않을 이유를 찾기 전까지는 계속 의심하기로 한 것이다. 이 방법을 적용하면서 그는 점차 자신이 절대적으로 확실하다고 할 수 있는 유일한 존재는 자기 자신이라는 확신에 이르게 되었다.

그는 끊임없는 환영 속에서 감각에 거짓된 것을 보여주는 기만적인 악마를 상상했다. 그런 악마가 실제로 존재할 가능성은 매우 낮지만, 여전히 가능성은 있으므로 감각을 통해 지각한 것들에 대해서는 의심이 가능하다고 본 것이다.

그러나 자기 존재에 대한 의심은 불가능했다. 자신이 존재하지 않는다면 그 어떤 악마도 자신을 속일 수 없기 때문이다. 의심한다면 그는 존재해야 하며, 어떤 경험이든 하고 있다면 그는 존재해야 한다. 이렇게 해서 자기 존재는 그에게 절대적인 확실성이 되었다.

그는 '나는 생각한다, 그러므로 존재한다'(Cogito, ergo sum)라고 말했고, 이 확실성을 토대로 의심으로 무너뜨린 지식의 세계를 다시 세우기 시작했다. 의심하는 방법을 고안하고, 주관적인 것이 가장 확실하다는 것을 보여줌으로써 데카르트는 철학에 큰 공헌을 했으며, 이 공헌 덕분에 그는 지금도 철학을 공부하는 모든 이들에게 여전히 유익한 인물로 남아 있다.

그러나 데카르트의 논증을 사용할 때는 약간의 주의가 필요하다. '나는 생각한다, 그러므로 존재한다'는 말은 엄밀히 확실하다고 할 수 있는 것보다 조금 더 많은 것을 함축한다. 우리는 오늘의 내가 어제의 나와 동일하다는 사실을 꽤 확신하는 듯 보이지만, 이는 어떤 의미에서는 맞더라도 절대적인 확실성은 아니다.

실제의 '나'라는 것은 실제의 탁자만큼이나 파악하기 어렵고, 구체적인 개별 경험이 지니는 절대적이고 설득력 있는 확실성을 갖추고 있지도 않다. 내가 탁자를 바라보며 일정한 갈색을 볼 때, 즉시 확실한 것은 '내가 갈색을 보고 있다'가 아니라 '갈색이 보이고 있다'는 사실이다. 물론 여기에는 갈색을 보고 있는 어떤 것(혹은 누군가)이 존재한다는 점이 포함되지만, 그것이 '나'라고 부르는 비교적 지속적인 인물일 필요는 없다. 즉각적인 확실성만 놓고 본다면, 갈색을 보고 있는 그 '어떤 것'은 순간적인 것일 수도 있으며, 다음 순간에 다른 경험을 하는 '어떤 것'과 동일하지 않을 수도 있다.

따라서 원초적인 확실성을 지니는 것은 우리의 개별적인 생각과 감정이다. 이것은 정상적인 지각뿐 아니라 꿈이나 환각에도 똑같이 적용된다. 꿈을 꾸거나 유령을 볼 때, 우리가 느낀다고 생각하는 감각을 실제로 갖는 것은 분명하다. 다만 여러 이유로, 이러한 감각에 대응하는 물리적 대상은 존재하지 않는다고 여겨질 뿐이다. 그러므로 예외적인 경우를 고려하더라도, 우리 자신의 경험에 대한 지식의 확실성은 전혀 제한될 필요가 없다. 이렇게 해서, 비록 그것이 지니는 가치가 어떻든 간에, 우리는 지식 탐구를 시작할 수 있는 확고한 토대를 마련하게 된다.

우리가 검토해야 할 문제는 다음과 같다. 우리 자신의 감각자료에 대해서는 확실하다고 할 때, 그것들이 '물리적 대상'이라고 부를 수 있는 다른 어떤 것의 존재를 나타내는 표시라고 볼 이유가 있는가? 우리가 탁자와 관련 있다고 자연스럽게 여기는 모든 감각자료를 열거했다면, 그것으로 탁자에 관해 말할 수 있는 것을 다 말한 셈일까, 아니면 아직 다른 무엇 ― 감각자료가 아니면서, 우리가 방을 나가도 계속 존재하는 무엇 ― 이 남아 있을까?

상식은 주저 없이 있다고 대답한다. 사고팔고, 이리저리 밀고, 천을 덮을 수 있는 것이 단순한 감각자료들의 집합일 리 없다. 만약 천이 탁자를 완전히 가린다면, 우리는 탁자로부터 아무 감각자료도 얻지 못할 것이다. 따라서 탁자가 단순히 감각자료라면, 그것은 이미 존재를 멈춘 것이고, 천은 탁자가 있던 자리에 기적처럼 허공에 떠 있게 될 것이다. 이는 분명 터무니없는 일처럼 보이지만, 철학자가 되고자 하는 사람이라면 터무니없음에 겁먹지 않는 법을 배워야 한다.

감각자료 외에 물리적 대상을 반드시 확보해야 한다고 느끼는 중요한 이유 가운데 하나는, 서로 다른 사람들이 '같은' 대상을 공유하길 원하기 때문이다. 열 사람이 식탁에 둘러앉아 있을 때, 그들이 같은 식탁보, 같은 칼과 포크, 숟가락과 유리잔을 보고 있지 않다고 주장하는 것은 터무니없어 보인다. 그러나 감각자료는 각 개인에게만 속한다. 한 사람이 시각을 통해 직접 지각하는 것은 다른 사람의 시각에 직접 주어지지 않는다.

사람들은 모두 약간씩 다른 시점에서 사물을 보기 때문에, 그 사물이 약간씩 다르게 보인다. 따라서 여러 사람이 어떤 의미에서 함께 인식할 수 있는 '공적인' 중립적 대상이 존재하려면, 각 사람에게 나타나는 개별적이고 사적인 감각자료를 넘어서는 무언가가 있어야 한다. 그렇다면 과연 이런 공적이고 중립적인 대상이 존재한다고 믿을 만한 이유는 무엇인가?

가장 자연스럽게 떠오르는 첫 번째 대답은 이렇다. 서로 다른 사람들이 탁자를 약간씩 다르게 보더라도, 그들이 탁자를 볼 때 대체로 비슷한 것을 보고, 그 차이는 원근법과 빛의 반사 법칙을 따르기 때문에, 여러 사람의 감각자료 아래에 공통으로 존재하는 지속적인 대상을 상정하기 쉽다는 것이다.

나는 지금의 방을 쓰기 전 이 방의 이전 거주자에게서 탁자를 샀다. 나는 그 사람이 떠나면서 사라진 그의 감각자료를 산 것이 아니라, 대체로 비슷한 감각자료를 얻게 될 것이라는 확신을 산 것이다. 이렇게 여러 사람이 비슷한 감각자료를 갖고, 한 사람이 같은 장소에서 다른 시간에 비슷한 감각자료를 갖는다는 사실이, 감각자료를 넘어 여러 사람의 서로 다른 시각과 시간에 공통적으로 존재하며 그 감각자료를 발생시키는 지속적인 공적 대상이 있다고 생각하게 만든다.

  위에서 말한 논거가 우리 자신 외에 다른 사람들이 존재한다고 가정하는 데 의존하는 한, 그것은 바로 지금 문제로 삼고 있는 쟁점을 전제로 하는 셈이 된다. 다른 사람들은 내게 그들의 모습이나 목소리와 같은 특정한 감각자료로 주어지며, 만약 내 감각자료와 무관하게 존재하는 물리적 대상이 있다고 믿을 이유가 없다면, 다른 사람들의 존재도 내 꿈의 일부로서만 믿을 수 있을 것이다. 그러므로 우리 자신의 감각자료와 무관하게 존재하는 대상이 반드시 있어야 한다는 것을 보이려 할 때, 다른 사람들의 증언에 호소할 수는 없다. 왜냐하면 그 증언 자체도 감각자료로 이루어져 있으며, 우리의 감각자료가 우리와 무관하게 존재하는 것들의 표시라는 전제가 없이는 다른 사람들의 경험을 드러내지 않기 때문이다. 그러므로 가능하다면, 우리의 순전히 사적인 경험 속에서, 우리 자신과 우리의 사적인 경험 이외에도 세상에 다른 것이 존재함을 보여주거나 그럴 가능성을 보여주는 특징을 찾아내야 한다.

  어떤 의미에서는, 우리 자신과 우리의 경험 이외의 것들이 존재한다는 사실을 결코 증명할 수 없음을 인정해야 한다. 세계가 오직 나와 나의 생각, 감정, 감각으로만 이루어져 있고, 그 밖의 모든 것은 단순한 상상에 불과하다는 가설로부터도 아무런 논리적 모순은 생기지 않는다.

꿈속에서는 매우 복잡한 세계가 존재하는 듯 보이지만, 깨어나고 나면 그것이 환상이었음을 알게 된다. 다시 말해, 꿈에서의 감각자료는 우리가 감각자료로부터 자연스럽게 추론할 수 있는 물리적 대상과는 일치하지 않는 것처럼 보인다. (물리적 세계를 전제로 한다면 꿈속의 감각자료에도 물리적 원인을 찾을 수 있다는 것은 사실이다. 예를 들어 문이 쾅 닫히는 소리가 배들이 포격을 주고받는 해상 전투를 꿈꾸게 만들 수 있다.)

그러나 이 경우 감각자료에 물리적 원인이 있더라도, 실제 해상 전투가 감각자료와 대응하는 것처럼 그 감각자료에 대응하는 물리적 대상이 있는 것은 아니다. 인생 전체가 하나의 꿈이며, 우리가 마주하는 모든 대상을 우리 스스로 만들어낸다고 가정하는 데에는 논리적으로 아무런 불가능이 없다. 하지만 이것이 논리적으로 불가능하지 않다고 해서, 그것이 사실이라고 믿을 이유는 전혀 없다. 오히려 우리의 삶에서 나타나는 사실들을 설명하는 방식으로 본다면, 이것은 우리와 무관하게 존재하며 우리에게 작용해 감각을 일으키는 대상들이 실제로 있다는 상식적 가설보다 단순하지 못한 가설이다.

  물리적 대상이 실제로 존재한다고 가정할 때 설명이 얼마나 단순해지는지는 쉽게 알 수 있다. 예를 들어, 고양이가 어느 순간에는 방 한쪽에 있다가 다른 순간에는 다른 쪽에 있다면, 우리는 자연스럽게 한쪽에서 다른 쪽으로 움직이면서 그 사이의 여러 위치를 거쳤다고 생각한다. 그러나 그것이 단지 일련의 감각자료라면, 내가 보지 않는 동안 그 고양이는 그 어떤 곳에도 있을 수 없으므로, 보지 않는 동안에는 전혀 존재하지 않다가 새로운 위치에서 갑자기 나타났다고 가정해야 한다.

  내가 보든 보지 않든 만약 고양이가 존재한다면, 식사와 식사 사이에 (고양이의) 배가 고파진다는 것을 우리 자신의 경험에 비추어 이해할 수 있다. 하지만 내가 보지 않는 동안 고양이가 존재하지 않는다면, 존재하지 않을 때에도 존재할 때와 똑같이 배가 고파진다는 것은 이상하다. 그리고 고양이가 오직 감각자료로만 이루어져 있다면 배고플 수 없다. 왜냐하면 나에게 감각자료로 주어질 수 있는 허기는 나 자신의 허기뿐이기 때문이다. 따라서 내게 고양이를 나타내는 감각자료의 행동은, 그것을 배고픔의 표현으로 볼 때는 매우 자연스럽지만, 단지 색깔 조각들이 이리저리 움직이고 변하는 것으로 본다면 — 삼각형이 축구를 할 수 없는 것처럼 — 배고픔과는 전혀 무관하므로 설명이 불가능해진다.

하지만 고양이의 경우에서 겪는 어려움은 인간의 경우에 비하면 아무것도 아니다. 사람이 말을 할 때 — 즉, 우리가 어떤 소리들을 듣고 그것을 생각과 연결시키며, 동시에 입술의 움직임과 얼굴 표정을 볼 때 — 우리가 듣는 것이 생각의 표현이 아니라고 가정하기는 매우 어렵다. 우리가 그와 동일한 소리를 낸다면 그것이 생각의 표현이라는 것을 알고 있기 때문이다.

물론 꿈속에서도 비슷한 일이 일어나며, 그때 우리는 다른 사람들의 존재를 착각한다. 그러나 꿈은 대체로 우리가 '깨어 있는 삶'이라고 부르는 것에 의해 암시되고, 물리적 세계가 실제로 존재한다고 가정하면 과학적 원리에 따라 어느 정도 설명할 수 있다.

따라서 단순성의 모든 원리는 우리 자신과 우리의 감각자료 외에, 우리가 인식하든 하지 않든 존재하는 다른 대상들이 실제로 존재한다는 자연스러운 견해를 받아들이도록 이끈다.

물론 독립적인 외부세계에 대한 우리의 믿음은 처음부터 논증을 통해 생긴 것이 아니다. 우리가 사유를 시작하자마자 이미 우리 안에 자리 잡고 있는, 본능적인 믿음이라고 부를 수 있는 것이다. 이런 믿음을 의심하게 된 것은, 적어도 시각의 경우에는 감각자료 자체를 독립적인 대상이라고 본능적으로 믿는 것처럼 보이지만, 논증은 그 대상이 감각자료와 동일할 수 없음을 보여주었기 때문이다. 그러나 이러한 발견은 — 미각과 후각, 청각의 경우에는 전혀, 촉각의 경우에도 거의 — 역설적이지 않으며, 우리의 감각자료에 대응하는 대상이 있다는 본능적 믿음을 전혀 약화시키지 않는다.

이 믿음은 어떤 어려움도 낳지 않고, 오히려 우리의 경험을 설명하는 방식을 단순화하고 체계화하는 경향이 있으므로, 이를 거부할 만한 타당한 이유는 없어 보인다. 따라서 우리는 — 꿈에서 비롯된 약간의 의심은 남아 있지만 — 외부세계가 실제로 존재하며, 그 존재가 전적으로 우리가 계속 인식하는 데 의존하지 않는다고 인정할 수 있을 것이다.

이 결론에 이르게 한 논증은 분명 우리가 바라는 만큼 강력하지는 않지만, 많은 철학적 논증의 전형이 되므로 그 일반적 성격과 타당성을 간단히 살펴볼 만하다. 우리가 보기에 모든 지식은 본능적 믿음을 토대로 세워져야 하며, 이를 거부하면 아무것도 남지 않는다. 그러나 본능적 믿음 가운데서도 어떤 것은 다른 것보다 훨씬 강하고, 많은 것들은 습관과 연상에 의해 실제로는 본능적이지 않은 다른 믿음과 뒤섞여, 마치 본능적으로 믿는 것의 일부인 양 잘못 여겨지게 되었다.

철학은 우리가 가장 강하게 붙잡고 있는 믿음부터 시작해, 본능적 믿음들의 위계를 보여주어야 하며, 각 믿음은 가능한 한 다른 요소와 섞이지 않고 불필요한 요소를 배제한 상태로 제시해야 한다. 또 최종적으로 정리된 형태에서 이러한 본능적 믿음들이 서로 충돌하지 않고 조화를 이루는 체계를 형성한다는 점을 보여주어야 한다. 본능적 믿음을 거부할 이유는 오직 그것이 다른 믿음들과 충돌할 때뿐이므로, 서로 조화를 이룬다면 그 전체 체계는 받아들일 만한 가치가 있게 된다.

물론 우리의 모든 믿음 — 혹은 그중 일부 — 이 잘못되었을 가능성은 있으며, 따라서 모든 믿음에는 최소한 약간의 의심이 뒤따라야 한다. 그러나 우리는 다른 어떤 믿음을 근거로 하지 않고서는 특정한 믿음을 거부할 이유를 가질 수 없다. 그러므로 본능적 믿음과 그 결과들을 정리하고, 그중 어떤 것이 필요하다면 수정하거나 버릴 수 있는지를 살펴봄으로써, 본능적으로 믿는 것을 유일한 자료로 삼아 지식을 질서 있고 체계적으로 조직할 수 있다. 이렇게 하면 오류의 가능성은 여전히 남아 있지만, 각 부분의 상호 연관성과 동의를 얻기 전에 거친 비판적 검토 덕분에 그 가능성은 줄어들게 된다.

적어도 이러한 기능은 철학이 수행할 수 있다. 옳든 그르든, 대부분의 철학자들은 철학이 이보다 훨씬 더 많은 것을 할 수 있다고 믿는다. 즉, 철학이 우주 전체에 관한 지식이나 궁극적

실재의 본질에 관한 지식, 그 외 다른 방법으로는 얻을 수 없는 지식을 줄 수 있다고 생각한다. 이것이 사실인지 여부와 관계없이, 우리가 말한 보다 겸손한 기능은 철학이 분명히 수행할 수 있으며, 또 한 번이라도 상식의 타당성에 의문을 품어본 사람들에게는, 철학적 문제들이 수반하는 힘들고 어려운 노고를 정당화하기에 충분하다.

제3장 물질의 본성
THE NATURE OF MATTER

앞 장에서 우리는 확증할 수 있는 논거를 찾을 수는 없었지만, 감각자료 — 예를 들어 내가 가진 탁자와 관련된 것이라 여기는 감각자료 — 가 실제로는 우리와 우리의 지각과 무관한 어떤 것의 존재를 나타내는 표시라고 믿는 것이 이성적이라는 점에 동의했다.

다시 말해, 탁자의 외형을 이루는 색, 단단함, 소리 등의 감각 너머에, 그것들이 나타나는 대상으로서의 무언가가 있다고 가정하는 것이다. 내가 눈을 감으면 색은 사라지고, 팔을 탁자에서 떼면 단단하다는 감각이 사라지며, 손가락으로 두드리는 것을 멈추면 소리도 사라진다. 그러나 나는 이런 것들이 모두 사라진다고 해서 탁자 자체가 사라진다고 믿지 않는다. 오히려 탁자가 계속 존재하기 때문에 내가 눈을 뜨고, 팔을 다시 올리고, 손가락으로 다시 두드리면 이 감각자료들이 다시 나타난다고 믿는다. 이번 장에서 우리가 살펴볼 문제는, 이렇게 나의 지각과 무관하게 지속적으로 존재하는 '실제' 탁자의 본성이 무엇인가 하는 것이다.

이 질문에 대해 물리학은 다소 불완전하고 일부는 여전히 가설적인 대답을 내놓지만, 그 범위 안에서는 존중할 만한 답을 제시한다. 물리학은 거의 무의식적으로 모든 자연 현상을 운동으로 환원해야 한다는 관점으로 흘러왔다.

빛과 열, 소리는 모두 파동운동에 의해 발생하며, 이러한 파동은 그것을 방출하는 물체로부터 빛을 보거나 열을 느끼거나 소리를 듣는 사람에게 전달된다. 이 파동운동을 지니는 것은 '에테르'이거나 '거친 물질'인데, 어느 쪽이든 철학자가 말하는 물질에 해당한다. 과학이 이 물질에 부여하는 성질은 공간에서의 위치와, 운동 법칙에 따라 움직일 수 있는 능력뿐이다. 과학은 이것이 다른 성질을 가질 가능성을 부정하지 않지만, 그런 성질이 있다 해도 과학자에게는 쓸모가 없고, 현상을 설명하는 데에도 아무런 도움이 되지 않는다.

'빛은 파동운동의 한 형태다'라고 말하는 경우가 있지만, 이는 오해를 불러일으킨다. 우리가 눈으로 직접 보고, 감각을 통해 직접 아는 빛은 파동운동의 한 형태가 아니라 전혀 다른 것이다. 시각장애인이 아니라면 누구나 알고 있지만, 시각장애인에게 그것을 설명해 우리가 가진 지식을 전달할 방법은 없다. 반면 파동운동은 시각장애인에게도 충분히 설명할 수 있다. 그는 촉각을 통해 공간에 대한 지식을 얻을 수 있고, 바닷길을 여행하며 우리와 거의 비슷하게 파동운동을 경험할 수도 있다. 그러나 시각장애인도 이해할 수 있는 이 파동운동이 우리가 말하는 '빛'은 아니다. 우리가 '빛'이라고 할 때 뜻하는 것은 시각장애인은 결코 이해할 수 없고, 우리가 결코 그에게 설명해 줄 수 없는 바로 그것이다.

그런데 시각장애인이 아닌 우리 모두가 알고 있는 이 '무언가'는 과학에 따르면 실제 외부세계에 존재하는 것이 아니다. 그것은 빛을 보는 사람의 눈과 신경, 뇌에 특정한 파동이 작용하여 생기는 것이다.

'빛은 파동이다'라고 말할 때 실제로 의미하는 바는, 빛을 느끼는 감각을 일으키는 물리적 원인이 파동이라는 것이다. 그러나 빛 그 자체, 즉 시각이 있는 사람은 경험하지만 시각장애인은 경험하지 못하는 그것은, 과학에 따르면 우리와 우리의 감각과 무관하게 존재하는 세계의 일부가 아니다. 그리고 다른 종류의 감각에 대해서도 거의 같은 말을 할 수 있다.

과학이 말하는 물질세계에는 색이나 소리뿐 아니라, 시각이나 촉각을 통해 얻는 공간도 존재하지 않는다. 과학에서 물질이 반드시 있어야 하는 것은 공간이지만, 그 물질이 존재하는 공간은 우리가 보고 느끼는 공간과 정확히 일치할 수 없다.

우선, 우리가 시각으로 인식하는 공간은 촉각으로 인식하는 공간과 같지 않다. 우리는 유아기에 경험을 통해서야 비로소, 눈으로 본 것을 손으로 만질 수 있는 방법이나, 손에 닿는 것을 눈으로 볼 수 있는 방법을 배우게 된다. 그러나 과학이 말하는 공간은 시각과 촉각 중 어느 쪽에도 치우치지 않는 '중립적인' 공간이므로, 촉각의 공간도, 시각의 공간도 될 수 없다.

또한 사람마다 보는 위치에 따라 같은 물체가 서로 다른 모양으로 보인다. 예를 들어 동그란 동전은 우리가 늘 원형이라고 판단하더라도, 정면에서 보지 않으면 타원형으로 보인다. 우리가 그것을 원형이라고 판단할 때, 우리는 그것이 실제로는 보이는 모양이 아니라 외형과는 무관하게 본래 지닌 '실제 형태'를 가지고 있다고 판단하는 것이다. 그러나 과학이 관심을 두는 이 '실제 형태'는 누구의 '겉보기 공간'과도 다른 '실제 공간' 속에 있어야 한다.

실제 공간은 공적인 것이고, 겉보기 공간은 인식하는 개인에게 속한다. 서로 다른 사람들의 사적인 공간 속에서 같은 물체는 서로 다른 모양을 지니는 것처럼 보이므로, 그 물체가 실제

47

형태를 지니는 실제 공간은 사적인 공간과 달라야 한다. 따라서 과학이 말하는 공간은 우리가 보고 느끼는 공간과 연결되어 있기는 하지만, 그와 동일하지 않으며, 그 연결 방식은 따로 살펴볼 필요가 있다.

물리적 대상이 우리의 감각자료와 완전히 같을 수는 없지만, 우리의 감각을 일으키는 원인으로 간주할 수 있다는 것에는 잠정적으로 동의했다. 이러한 물리적 대상은 과학이 말하는 공간, 곧 '물리적 공간'에 존재한다. 중요한 점은, 우리의 감각이 물리적 대상에 의해 발생하려면, 그 물리적 공간 안에 이 대상들뿐 아니라 우리의 감각기관과 신경, 뇌도 함께 존재해야 한다는 것이다.

우리는 어떤 물체와 접촉할 때 촉각을 느낀다. 즉, 우리 몸의 일부가 물리적 공간에서 그 물체가 차지하는 위치와 매우 가까운 위치를 차지할 때 촉각이 발생한다. 물체를 보는 경우(대략적으로 말해)에는 물리적 공간에서 그 물체와 우리의 눈 사이에 불투명한 물체가 없어야 한다.

이와 마찬가지로, 어떤 물체를 들거나, 냄새 맡거나, 맛보려면 우리가 그 물체에 충분히 가까이 있어야 하며, 맛의 경우에는 혀와 접촉하거나, 물리적 공간에서 우리 몸에 대해 알맞은 위치에 있어야 한다. 특정 물체로부터 상황에 따라 어떤 감각을 얻게 될지를 말하려면, 그 물체와 우리 몸이 동일한 물리적 공간에 있다고 보아야 한다. 물체와 우리 몸의 상대적 위치가 그 물체로부터 얻게 되는 감각을 주로 결정하기 때문이다.

우리의 감각자료는 시각의 공간이나 촉각의 공간, 혹은 다른 감각이 제공하는 좀 더 모호한 공간 등, 각자의 사적인 공간 속에 위치한다. 과학과 상식이 가정하듯, 물리적 대상들이 존재하는 하나의 공적이고 포괄적인 물리적 공간이 실제로 있다면, 물리적 공간 속에서 물리적 대상들이 차지하는 상대적 위치는 우리의 사적인 공간 속 감각자료들의 상대적 위치와 어느 정도는 대응해야 한다.

이런 상황을 가정하는 데에는 아무런 어려움이 없다. 예를 들어 길 위에서 어떤 집이 다른 집보다 우리 쪽에 더 가깝게 보인다면, 다른 감각들도 그 집이 더 가깝다는 인식을 뒷받침할 것이다. 예컨대 길을 따라 걸어가보면 그 집에 더 빨리 도착할 수 있다. 다른 사람들도 우리에게 더 가깝게 보이는 집이 실제로 더 가깝다고 동의할 것이고, 지형도 역시 같은 판단을 보여줄 것이다.

이렇게 모든 것은, 우리가 집들을 바라볼 때 보게 되는 감각자료 사이의 관계에 대응하는, 집들 사이의 공간적 관계가 존재함을 가리킨다. 따라서 물리적 대상들이, 사적인 공간 속에서 그에 해당하는 감각자료들이 지니는 공간적 관계에 대응하는 공간적 관계를 지니는 물리적 공간이 존재한다고 가정할 수 있다. 바로 이 물리적 공간이 기하학에서 다루어지고, 물리학과 천문학에서 전제되는 공간이다.

물리적 공간이 존재하며, 그것이 사적인 공간과 대응한다고 가정한다면, 우리는 그 공간에 대해 무엇을 알 수 있을까? 우리가 알 수 있는 것은 오직 그 대응이 성립하는 데 필요한 것뿐이다. 즉, 물리적 공간이 그 자체로 어떠한지는 알 수 없지만, 물리적 대상들이 맺는 공간적 관계에서 비롯되는 배열 형태는 알 수 있다.

예를 들어, 일식 때 지구와 달과 태양이 일직선상에 있다는 사실은 알 수 있지만, 시각적 공간에서 직선이 어떻게 보이는지를 아는 것처럼, 물리적 직선이 그 자체로 어떤 것인지는 알 수가 없다.

따라서 우리는 물리적 공간의 거리 그 자체보다, 거리 사이의 관계에 대해 훨씬 더 많이 알게 된다. 예를 들어 어떤 거리가 다른 거리보다 더 멀다든지, 두 거리가 같은 직선 위에 놓여 있다든지 하는 것은 알 수 있지만, 사적인 공간에서의 거리나 색, 소리, 다른 감각자료와 마찬가지로 물리적 거리와 직접적으로 접하는 것은 불가능하다.

우리가 물리적 공간에 대해 아는 것은, 선천적으로 시각이 없는 사람이 다른 사람을 통해 시각적 공간에 관해 알 수 있는 것과 같다. 반대로, 선천적으로 시각이 없는 사람이 결코 알 수 없는 시각적 공간의 성질은 우리도 물리적 공간에 대해서는 알 수 없다. 우리는 감각자료와의 대응을 유지하는 데 필요한 관계들의 성질은 알 수 있지만, 그 관계가 성립하는 항목들의 본성은 알 수 없다.

시간에 관해서, 우리가 느끼는 지속이나 시간의 흐름은 시계로 잰 경과 시간과 관련해 믿기 어려운 지표라는 것은 잘 알려져 있다. 지루하거나 고통을 겪는 시간은 더디게 가고, 즐겁게 몰두하는 시간은 빠르게 지나가며, 잠자는 시간은 거의 존재하지 않는 것처럼 지나간다. 따라서 시간이 지속으로 이루어진다는 점에서는, 공간의 경우처럼 '공적인 시간'과 '사적인 시간'을 구분할 필요가 있다. 그러나 시간이 앞과 뒤의 순서로 이루어진다는 점에서는 그러한 구분이 필요하지 않다. 사건들이 지닌 것처럼 보이는 시간 순서는, 우리가 아는 한, 실제로 그것들이 지니는 시간 순서와 동일하다. 적어도 두 순서가 다르다고 가정할 이유는 없다.

공간의 경우도 대체로 마찬가지다. 한 부대의 병사들이 길을 따라 행진하고 있을 때, 부대의 대형은 보는 위치에 따라 다르게 보이지만, 어느 위치에서 보더라도 병사들이 배열된 순서는 동일하게 보인다. 따라서 우리는 이 순서를 물리적 공간에서도 참된 것으로 간주하지만, 대형의 모양은 그 순서를 유지하는 데 필요한 한도에서만 물리적 공간과 일치한다고 여긴다.

사건들이 우리에게 보이는 시간 순서가 실제 시간 순서와 동일하다고 말할 때, 한 가지 오해의 소지를 경계할 필요가 있다. 서로 다른 물리적 대상의 여러 상태가 그 대상에 대한 감각자료를 이루는 인상과 동일한 시간 순서를 갖는다고 생각해서는 안 된다.

물리적 대상이라는 관점에서 볼 때, 천둥과 번개는 동시에 일어난다. 즉, 번개는 공기 진동이 시작되는 바로 그 지점, 다시 말해 번개가 친 위치에서의 공기 진동과 동시에 발생한다. 하지만 우리가 '천둥을 듣는다'고 부르는 감각자료는, 그 공기 진동이 우리 위치까지 전해지고 나서야 발생한다. 마찬가지로, 태양빛이 우리에게 도달하는 데는 약 8분이 걸리므로, 우리가 태양을 볼 때는 8분 전의 태양을 보고 있는 셈이다.

지금까지 살펴본 바에 따르면, 우리의 감각자료가 물리적 태양에 대한 근거를 제공한다고 해도, 그것은 8분 전의 물리적 태양에 대한 근거일 뿐이다. 만약 물리적 태양이 지난 8분 사이에 사라졌다고 해도, 우리가 '태양을 본다'고 부르는 감각자료에는 아무런 변화가 없을 것이다. 이 사실은 감각자료와 물리적 대상을 구분해야 할 필요성을 새롭게 보여주는 예가 된다.

공간에 대해 알아낸 바는 감각자료와 그것에 대응하는 물리적 대상 사이의 관계에서도 거의 마찬가지다. 어떤 물체가 파랗게 보이고 다른 물체가 빨갛게 보인다면, 우리는 그 물리적 대상들 사이에도 그에 상응하는 차이가 있다고 합리적으로 추정할 수 있다.

두 물체가 모두 파랗게 보인다면, 그 사이에는 상응하는 유사성이 있다고 추정할 수 있다. 그러나 물리적 대상이 파랗거나 빨갛게 보이도록 하는 성질을 직접 알 수는 없다. 과학은 그 성질이 특정한 종류의 파동운동이라고 말하며, 우리는 파동운동을 눈에 보이는 공간에서 생각하기 때문에 익숙하게 느낀다. 그러나 그 파동운동이 실제로는 우리가 직접 알 수 없는 물리적 공간에서 일어나므로, 실제 파동운동은 우리가 예상했던 만큼 친숙하지 않다. 그리고 색깔에 대해 성립하는 이러한 사실은 다른 감각자료의 경우에도 거의 마찬가지다.

따라서 우리는 물리적 대상들의 관계가 감각자료와의 대응관계에서 비롯된 온갖 알 수 있는 성질들을 지니고 있음을 발견하게 된다. 그러나 감각을 통해 알 수 있는 범위에서, 물리적 대상 그 자체의 본질적 성질은 여전히 알 수 없는 상태로 남아 있다. 이제 문제는 물리적 대상의 본질적인 성질을 알아낼 수 있는 다른 방법이 존재하는지 여부다.

가장 자연스러운 가설은 — 비록 최종적으로는 가장 타당한 가설이 아닐지라도 — 적어도 시각적 감각자료와 관련해서 처음에 채택하기 쉬운 생각일 것이다. 즉, 앞서 살펴본 이유들로 인해 물리적 대상이 감각자료와 정확히 같을 수는 없지만, 어느 정도 유사할 수는 있다는 것이다.

이 견해에 따르면 물리적 대상은 실제로 색을 지니고 있으며, 운이 좋으면 우리가 사물을 실제 색 그대로 볼 수도 있다. 한 사물이 어떤 순간에 띠는 색은, 여러 다른 시점에서 보았을 때 전혀 같지는 않더라도 대체로 매우 비슷하게 보일 것이며, 따라서 우리는 '실제' 색이 서로 다른 시점에서 보이는 여러 색조의 중간쯤 되는 색이라고 가정할 수도 있다.

이러한 이론은 명확히 반박하기는 어려울지라도, 근거가 없다는 점은 보여줄 수 있다. 우선, 우리가 보는 색은 오직 눈에 도달하는 빛의 파동 성질에만 의존하며, 따라서 우리와 대상 사이에 놓인 매질이나 빛이 대상에서 눈으로 반사되는 방식에 따라 변한다.

공기가 완전히 맑지 않으면 그 자체로 색을 바꾸고, 강한 반사는 색을 완전히 바꿔버린다. 그러므로 우리가 보는 색은 광선이 눈에 도달했을 때의 결과이지, 광선이 출발한 대상의 고유한 성질이라고 할 수 없다. 따라서 특정한 파동이 눈에 도달하기만 하면, 그 파동이 발원한 대상에 실제로 색이 있든 없든 우리는 그 색을 보게 된다. 이런 이유로 물리적 대상이 색을 가진다고 가정하는 것은 전혀 불필요하며, 그럴 만한 정당한 이유도 없다. 동일한 논거는 다른 감각자료에도 똑같이 적용된다.

이제 물질이 실제로 존재한다고 할 때, 그것이 반드시 어떤 성질을 가져야 한다고 말할 수 있게 해주는 일반적인 철학적 논거가 있는지를 물어야 한다. 앞서 설명했듯이, 많은 철학자들, 어쩌면 대다수는, 실제로 존재하는 모든 것은 어떤 의미에서든 정신적인 것이어야 하며, 적어도 우리가 무엇이든 알 수 있는 모든 것은 어떤 의미에서든 정신적인 것이라고 주장해 왔다. 이러한 철학자들을 '관념론자(觀念論者, idealist)'라고 부른다.

관념론자들은 물질로 보이는 것이 실제로는 정신적인 것이라고 말한다. 즉, 라이프니츠가 주장했듯이 정도의 차이는 있지만 원시적인 정신들이거나, 버클리가 주장했듯이 우리가 흔히 '물질을 인식한다'고 말할 때 그 물질을 인식하는 정신 속의 관념이라는 것이다. 따라서 관념론자들은 물질이 정신과 본질적으로 다른 어떤 것으로 존재한다는 사실을 부정한다. 그러나 그렇다고 해서 우리의 감각자료가 사적인 감각과는 무관하게 존재하는 어떤 것의 징후라는 점까지 부정하는 것은 아니다. 다음 장에서는 관념론자들이 자신들의 이론을 지지하기 위해 제시하는 이유들 — 내 생각에는 잘못된 이유들 — 을 간략히 살펴보겠다.

제4장 관념론
IDEALISM

'관념론'이라는 단어는 철학자마다 약간씩 다른 의미로 사용한다. 여기서는 '존재하는 모든 것, 또는 적어도 존재한다고 알 수 있는 모든 것은 어떤 의미에서든 정신적인 것이어야 한다'는 학설을 뜻하는 것으로 이해하겠다.

철학자들 사이에서 매우 널리 받아들여지는 이 학설은 여러 형태를 가지며, 서로 다른 여러 근거에 의해 주장된다. 이 학설은 철학에서 널리 퍼져 있을 뿐 아니라 그 자체로도 흥미로운 주제이기 때문에, 철학에 대한 가장 간략한 개관이라도 이에 대해서는 어느 정도는 다루어야 한다.

철학적 사유에 익숙하지 않은 사람들은 이러한 학설을 분명 터무니없는 것으로 치부하고 싶어 할지도 모른다. 상식적으로 탁자나 의자, 해와 달 그리고 일반적인 물질적 대상들은 정신이나 정신의 내용과는 근본적으로 다른 것으로 여기며, 정신이 사라진 뒤에도 계속 존재할 수 있는 것으로 본다. 우리는 물질이 어떠한 정신도 존재하기 훨씬 이전부터 있어 왔다고 생각하며, 그것을 단순히 정신 활동의 산물로 여기는 것은 쉽지 않다. 그러나 그것이 참이든 거짓이든, 관념론을 명백히 터무니없는 것으로 치부할 수는 없다.

이미 본 바와 같이, 설령 물리적 대상이 독립적으로 존재한다 해도, 그것은 감각자료와는 매우 크게 다를 수밖에 없으며, 마치 어떤 목록이 그 목록에 적힌 사물들과 대응하듯 감각자료와 대응할 수 있다. 따라서 물리적 대상의 고유한 참된 본성에 대해서는 상식이 전혀 알려주지 않으며, 만약 정신적인 것으로 간주할 만한 충분한 이유가 있다면, 단지 낯설게 느껴진다는 이유만으로 이런 견해를 정당하게 거부할 수는 없다.

물리적 대상에 관한 진실은 반드시 낯선 성질을 지닐 수밖에 없다. 비록 그것이 도달 불가능할 수도 있지만, 어떤 철학자가 그것을 파악했다고 믿는다면, 그가 제시하는 진실이 낯설다는 사실만으로 그의 견해를 반박해서는 안 된다.

관념론이 옹호되는 근거는 대체로 인식론, 즉 우리가 어떤 대상을 알 수 있으려면 그것이 갖추어야 하는 조건에 대한 논의에서 비롯된다. 이러한 근거 위에서 관념론을 확립하려는 최초의 진지한 시도는 버클리 주교에게서 찾아볼 수 있다. 그는 주로 타당한 논증을 통해, 우리의 감각자료가 우리와 무관하게 존재한다고 볼 수 없으며, 적어도 일부는 반드시 '정신 속에' 있어야 한다는 점을 먼저 입증했다. 여기서 '정신 속에 있다'는 것은, 만약 보고 듣고 만지고 냄새 맡고 맛보는 행위가 전혀 없다면 그것들의 존재도 지속되지 않는다는 의미이다.

여기까지의 주장만 놓고 보면, 그의 논지는 일부 논거가 다소 미흡하더라도 거의 확실히 타당했다. 그러나 그는 더 나아가, 우리의 지각이 그 존재를 보장해 줄 수 있는 것은 감각자료뿐이라고 주장했다. 그리고 알려진다는 것은 '정신 속에' 있다는 것이며, 따라서 반드시 정신적인 것이라고 보았다. 그 결과, 그는 모든 지식은 반드시 어떤 정신 속에 있어야 하며, 내 정신 속에 있지 않은 지식이라면 반드시 다른 정신 속에 있을 것이라고 결론 내렸다.

그의 주장을 이해하려면, 그가 '관념(觀念, idea)'이라는 단어를 어떻게 사용하는지 먼저 알아야 한다. 그는 감각자료처럼 우리가 직접적으로 아는 모든 것에 '관념'이라는 이름을 붙였다.

예를 들어, 우리가 보는 특정한 색이나 우리가 듣는 목소리 등이 관념이다. 그러나 이 용어가 감각자료에만 한정되는 것은 아니다. 기억하거나 상상하는 대상도 포함되는데, 이런 것들 또한 우리가 기억하거나 상상하는 순간에는 직접적으로 접하게 되기 때문이다. 그는 이러한 모든 직접적인 자료를 '관념'이라고 불렀다.

그는 이어서 나무와 같은 일반적인 사물을 살펴본다. 우리가 나무를 '지각'할 때 즉각적으로 아는 것은, 그가 정의한 의미에서의 관념들뿐이라는 점을 보이고, 지각된 것 이외에 나무에 대해 실제로 존재한다고 가정할 근거는 전혀 없다고 주장한다. 그는 나무의 존재는 '지각됨'에 있다고 말한다. 중세 스콜라 철학의 라틴어로 표현하면, 그 '존재(esse)'는 '지각됨(percipi)'이다.

그는 눈을 감거나 어떤 인간도 근처에 없을 때에도 나무가 계속 존재해야 한다는 점을 인정한다. 그러나 그 지속적인 존재는 하나님이 계속해서 그것을 지각하기 때문이라고 설명한다. 우리가 물리적 대상이라고 부르는 것에 해당하는 '실제'의 나무는 하나님의 정신 속에 있는 관념들로 이루어져 있으며, 그것들은 우리가 나무를 볼 때 가지는 관념과 대체로 비슷하지만, 나무가 존재하는 한 하나님의 정신 속에 영구히 머문다는 점에서 차이가 있다.

그에 따르면, 우리의 모든 지각은 하나님의 지각에 부분적으로 참여하는 것이며, 바로 이 참여 덕분에 서로 다른 사람들이 대체로 같은 나무를 보게 된다. 따라서 정신과 그 관념들 외에는 세상에 아무것도 존재하지 않으며, 또한 알려질 수 있는 다른 어떤 것도 있을 수 없다. 왜냐하면 알려지는 것은 필연적으로 하나의 관념이기 때문이다.

이 논증에는 철학사에서 중요한 역할을 해온 많은 오류들이 있으며, 이를 드러내는 것이 좋다.

첫째, '관념'이라는 단어 사용에서 비롯된 혼동이 있다. 우리는 관념을 본질적으로 누군가의 정신 속에 있는 것으로 생각한다. 따라서 나무가 전적으로 관념으로 이루어져 있다고 들으면, 그 나무가 전적으로 정신 속에 있다고 생각하기 쉽다. 그러나 '정신 속에 있다'는 개념은 모호하다.

우리는 누군가를 '마음에 두다'라는 표현을 쓸 때, 그 사람이 실제로 우리 마음속에 있다고 의미하는 것이 아니라, 그에 대한 생각이 우리 마음속에 있다는 뜻으로 사용한다.

어떤 사람이 자신이 처리해야 할 일이 완전히 '머릿속에서 사라졌다'고 말할 때, 그는 그 일이 실제로 자기 정신 속에 있었음을 의미하는 것이 아니라, 그 일에 대한 생각이 한때 정신 속에 있었지만 나중에 사라졌다는 뜻으로 말하는 것이다. 마찬가지로 버클리가 우리가 어떤 나무를 알 수 있으려면 그 나무가 우리의 정신 속에 있어야 한다고 주장할 때, 그가 정당하게 말할 수 있는 것은 '그 나무에 대한 생각'이 우리의 정신 속에 있어야 한다는 것뿐이다.

　나무 자체가 우리의 정신 속에 있어야 한다고 주장하는 것은, 우리가 누군가를 마음에 두고 있다고 해서 그 사람이 실제로 우리 마음속에 있다고 주장하는 것과 같다. 이런 혼동은 유능한 철학자가 실제로 범했으리라고 보기에는 너무나 노골적인 오류처럼 보일 수 있지만, 여러 부수적인 사정들이 이를 가능하게 만들었다. 이러한 혼동이 어떻게 가능했는지를 이해하려면, '관념'의 본질에 관한 문제를 더 깊이 살펴봐야 한다.

　관념의 본질이라는 일반적인 문제를 다루기에 앞서, 감각자료와 물리적 대상에 관한 두 가지 전혀 별개의 질문을 구분해야 한다. 여러 구체적인 이유로, 버클리가 나무에 대한 우리의 지각을 구성하는 감각자료를 어느 정도 주관적인 것으로 간주한 것은 옳았다. 즉, 그것들이 나무만큼이나 우리에게 의존하며, 나무가 지각되지 않는다면 존재하지 않는다는 의미에서 그렇다. 그러나 이것은 버클리가 '직접 인식될 수 있는 것은 모두 정신 속에 있어야 한다'는 주장을 증명하려 할 때 사용하는 논점과는 전혀 다른 문제다.

　이 목적을 위해, 감각자료가 우리에게 의존한다는 구체적인 논거는 아무런 도움이 되지 않는다. 알려진다는 사실이 곧 그것이 정신적인 것임을 보여준다는 점을 일반적으로 증명해야 하는데, 버클리는 자신이 바로 그것을 해냈다고 믿었다. 지금 우리가 다뤄야 할 문제는 감각자료와 물리적 대상의 차이에 관한 이전의 문제가 아니라, 바로 이 문제다.

버클리의 의미에서 '관념'이라는 단어를 사용할 때, 정신 속에 어떤 관념이 있을 경우 우리는 두 가지 전혀 다른 것을 구분해야 한다.

하나는 우리가 인식하고 있는 대상 — 예를 들어 내 탁자의 색 — 이고, 다른 하나는 그 대상을 파악하는 실제 인식 행위, 즉 정신적 행위다. 인식 행위가 정신적인 것임은 분명하다. 그러나 인식된 대상이 어떤 의미에서든 정신적인 것이라고 가정할 이유가 있는가?

앞서 색에 관해 논의했던 내용은 그것이 정신적임을 증명하지 않았다. 단지 그 존재가 우리의 감각기관과 물리적 대상 — 여기서는 탁자 — 사이의 관계에 의존한다는 점만을 보여주었다. 즉, 특정한 빛 아래에서 정상적인 눈이 탁자와 특정한 위치 관계를 이룰 때, 특정한 색이 존재한다는 것을 증명했을 뿐이다. 그것이 지각하는 사람의 정신 속에 존재한다고 증명한 것은 아니었다.

버클리의 견해, 즉 색깔은 분명히 정신 속에 있어야 한다는 주장은, 인식 대상과 인식 행위를 혼동함으로써 그럴듯해 보이는 듯하다. 이 둘은 모두 '관념'이라고 불릴 수 있으며, 아마 버클리는 실제로 어느 쪽이든 '관념'이라 불렀을 것이다.

　인식 행위는 분명히 정신 속에 있으므로, 우리가 인식 행위를 떠올릴 때는 관념이 정신 속에 있어야 한다는 주장에 쉽게 동의하게 된다. 그런데 관념이 인식 행위일 때만 성립하는 이 명제를 잊고, 이를 관념의 다른 의미, 즉 인식 행위에 의해 파악되는 대상을 가리키는 의미로 옮겨 적용하게 된다. 이렇게 무의식적인 의미 전환을 거쳐, 우리가 인식할 수 있는 것은 무엇이든 우리 정신 속에 있어야 한다는 결론에 이르게 된다. 이것이 버클리 논증의 실제 구조이자, 그것이 궁극적으로 의존하는 오류인 듯하다.

　사물을 인식할 때 인식 행위와 인식 대상을 구분하는 문제는 지식을 얻는 전 과정과 직결되기 때문에 매우 중요하다. 자기 자신이 아닌 다른 것과 직접 접촉할 수 있는 능력이야말로 정신의 핵심적인 특징이다. 대상에 대한 직접적 인식은 본질적으로 정신과 정신이 아닌 어떤 것 사이의 관계로 이루어지며, 바로 이것이 정신이 사물을 알 수 있는 힘을 형성한다. 만약 우리가 '인식되는 것은 반드시 정신 속에 있어야 한다'고 말한다면, 이는 정신의 인식 능력을 부당하게 제한하는 것이거나, 아니면 단순한 동어반복에 불과하다.

우리가 '정신 속에 있다'는 말을 '정신 앞에 있다', 즉 단순히 정신에 의해 인식되고 있다는 것과 같은 의미로 쓴다면, 그것은 단순한 동어반복에 불과하다. 그러나 이 의미로 사용한다면, 이런 식으로 '정신 속에 있는' 것은 정신적인 것이 아닐 수도 있음을 인정해야 한다. 따라서 지식의 본질을 이해하고 나면, 버클리의 주장은 형식뿐 아니라 내용에서도 잘못되었음이 드러나며, 그가 '관념', 즉 인식 대상이 반드시 정신적인 것이라고 생각한 근거는 전혀 타당하지 않다는 것이 밝혀진다. 그러므로 그가 제시한 관념론의 근거는 기각될 수 있다. 이제 다른 근거가 있는지를 살펴보아야 한다.

흔히, 마치 자명한 진리인 양, 우리가 알지 못하는 것이 존재한다는 사실을 알 수는 없다고 말한다. 그리고 여기서, 우리의 경험과 어떤 방식으로든 관련될 수 있는 것은 적어도 우리가 알 수 있는 것이어야 한다는 결론이 도출된다. 따라서 만약 물질이 본질적으로 우리가 결코 알 수 없는 어떤 것이라면, 물질은 그 존재를 알 수 없으며, 우리에게 아무런 중요성도 가질 수 없는 것이 된다. 또한 이유가 분명치 않지만, 우리에게 아무런 중요성이 없는 것은 실재할 수 없다는 전제가 덧붙여지며, 이로부터 물질이 정신이나 정신적 관념으로 이루어져 있지 않다면 그것은 불가능하며 단순한 허구일 뿐이라는 결론이 내려진다.

지금 단계에서 이 논증을 완전히 다루기는 어렵다. 사전에 상당한 논의가 필요한 쟁점을 포함하고 있기 때문이다. 그러나 이 논증을 기각할 수 있는 몇 가지 이유는 지금 바로 지적할 수 있다. 결론 부분부터 살펴보면, 우리에게 실질적인 중요성을 전혀 갖지 않는 것이 실재할 수 없을 이유는 없다. 이론적 중요성을 포함한다면, 모든 실재하는 것은 우리에게 일정한 중요성을 지닌다.

우주에 관한 진리를 알고자 하는 존재로서 우리는 우주에 포함된 모든 것에 어떤 관심을 갖기 때문이다. 그러나 이런 종류의 관심을 포함한다면, 설령 우리가 그 존재를 알 수 없다 하더라도 물질이 존재한다면 그것이 우리에게 아무런 중요성이 없다고는 할 수 없다. 우리는 물질이 존재할지도 모른다고 의심하거나, 실제로 존재하는지 궁금해 할 수 있으며, 이런 점에서 물질은 우리의 지적 욕구와 연결되고, 그 욕구를 충족시키거나 좌절시키는 중요한 요소가 된다.

다시 말해, 우리가 알지 못하는 것이 존재한다는 사실을 알 수 없다는 말은 결코 자명한 진리가 아니며, 실제로는 거짓이다. 여기에서 '안다'라는 단어는 두 가지 다른 의미로 사용되고 있다.

1. 첫 번째 의미는 오류와 대비되는 지식의 경우에 적용된다.

곧 우리가 아는 것이 참이라는 의미, 즉 우리의 믿음과 확신, 다시 말해 판단이라 불리는 것들에 적용되는 의미다. 이 의미에서 우리는 어떤 것이 사실임을 안다고 말한다. 이러한 종류의 지식은 진리에 대한 지식이라고 부를 수 있다.

2. 위에서 '안다'라는 단어의 두 번째 의미는 사물에 대한 우리의 지식에 적용되며, 이것을 우리는 '직접적 접촉'이라 부를 수 있다. 이는 우리가 감각자료를 아는 의미다. 이 구별은 대략 프랑스어의 savoir(사실이나 진리에 대한 지식)와 connaitre(대상이나 사람에 대한 직접적 앎), 독일어의 wissen(사실·명제적 지식)과 kennen(사람이나 사물에 대한 직접적 앎)의 구별에 해당한다.

따라서 처음에는 자명한 진리처럼 보였던 명제는, 다시 표현하면 다음과 같이 된다.

'우리가 직접 인식하지 못하는 어떤 것이 존재한다고 우리는 결코 참되게 판단할 수 없다.'

그러나 이것은 결코 자명한 진리가 아니라, 오히려 명백한 허위다. 나는 중국 황제를 직접 알지 못하지만, 그가 존재한다는 사실을 참되게 판단할 수 있다. 물론 누군가는 내가 다른 사람들이 그를 직접 인식하고 있기 때문에 그렇게 판단한다고 말할 수 있다. 그러나 이 반론은 적절하지 않다. 그 원리가 참이라면, 나는 다른 누군가가 그를 인식하고 있다는 사실조차 알 수 없기 때문이다. 더 나아가, 아무도 직접 인식하지 못하는 어떤 것이 존재한다는 사실을 내가 알 수 없을 이유는 전혀 없다. 이 점은 중요하며, 설명이 필요하다.

내가 어떤 존재하는 것과 직접적으로 인식 관계에 있다면, 그 인식은 그것이 존재한다는 지식을 나에게 준다. 그러나 반대로, 내가 어떤 종류의 것이 존재한다는 사실을 알 수 있을 때마다 나 자신이나 다른 누군가가 반드시 그것과 직접적으로 인식 관계에 있어야 하는 것은 아니다. 직접적 인식 없이도 참된 판단을 할 수 있는 경우, 그 사물은 '기술(記述)에 의한 인식'을 통해 알려지는 것이다. 즉, 어떤 일반 원리에 따라, 내가 직접적으로 인식하는 무엇으로부터 그 기술에 부합하는 대상의 존재를 추론할 수 있는 것이다.

이 점을 완전히 이해하려면, 먼저 직접적 인식에 의한 지식과 기술에 의한 지식의 차이를 살펴보고, 이어서 일반 원리에 대한 지식 가운데 우리 자신의 경험이 존재한다는 지식만큼 확실성을 갖는 것이 있는지 살펴보아야 한다. 이러한 주제들은 다음 장들에서 다루어질 것이다.

제5장 직접 인식에 의한 지식과 기술에 의한 지식
KNOWLEDGE BY ACQUAINTANCE AND KNOWLEDGE BY DESCRIPTION

앞 장에서 우리는 지식에는 사물에 대한 지식과 진리에 대한 지식, 두 가지가 있음을 보았다. 이번 장에서는 오직 사물에 대한 지식만을 다루는데, 이 역시 두 종류로 나눌 수 있다.

우리가 '직접 인식'이라고 부르는 사물에 대한 지식은 본질적으로 진리에 대한 다른 어떤 지식보다 단순하며, 논리적으로도 진리에 대한 지식과 독립적이다. 다만 인간이 실제로 어떤 사물을 직접 인식하면서 동시에 그에 대한 어떤 진리도 전혀 알지 못하는 경우가 있을 것이라고 섣불리 단정하기는 어렵다. 반대로 사물에 대한 '기술(記述)에 의한' 지식은, 이번 장에서 살펴보겠지만, 언제나 그 근원과 토대로서 진리에 대한 일정한 지식을 포함한다. 우선 우리는 '직접 인식'이 무엇을 의미하는지, 그리고 '기술'이 무엇을 의미하는지부터 명확히 해야 한다.

어떤 것에 대해, 추론 과정이나 진리에 대한 어떤 지식도 거치지 않고 곧바로 인식할 때 그것과 '직접 인식'의 관계에 있다고 말할 수 있다. 예를 들어, 내 앞에 탁자가 있을 때 나는 그 탁자의 겉모습을 이루는 감각자료인 색, 형태, 단단함, 매끄러움 등을 직접 인식한다. 이 모든 것은 내가 탁자를 보고 만질 때 즉각적으로 의식하는 것들이다.

지금 내가 보고 있는 특정한 색조에 대해서는 많은 진술이 가능하다. 이를테면 갈색이라고 하거나, 다소 어둡다고 말할 수 있다. 그러나 이러한 진술들은 그 색에 대한 진리에 관한 지식을 더해줄 뿐, 색 자체에 대한 인식을 이전보다 더 깊게 해주지는 않는다. 색 그 자체에 관한 인식, 즉 색에 대한 직접 인식은 내가 그것을 볼 때 이미 완전하며, 그 자체를 더 아는 것은 이론적으로도 불가능하다. 따라서 내 탁자의 겉모습을 이루는 감각자료들은 내가 직접 접촉하고 있는 것들, 즉 있는 그대로 내게 즉각적으로 알려지는 것들이다.

반대로, 물리적 대상으로서의 탁자에 대한 나의 지식은 직접적 지식이 아니다. 그것은 탁자의 겉모습을 이루는 감각자료와의 접촉을 통해 얻어지는 것이다. 우리는 탁자가 실제로 존재하는지에 대해서는 의심할 수 있지만, 감각자료에 대해서는 의심할 수 없다는 점을 이미 살펴보았다. 내가 탁자에 대해 갖는 지식은 우리가 '기술에 의한 지식'이라 부를 종류의 것이다.

탁자는 '이러이러한 감각자료를 일으키는 물리적 대상'이다. 즉, 감각자료를 통해 탁자를 서술하는 것이다. 탁자에 대해 무엇이든 알기 위해서는, 그것을 우리가 직접 아는 것들과 연결해 주는 진리들을 알아야 한다. 다시 말해, '이러이러한 감각자료는 하나의 물리적 대상에 의해 생겨난다'라는 사실을 알아야 하는 것이다.

우리가 탁자를 직접적으로 인식하는 심리 상태는 없다. 탁자에 대한 우리의 모든 지식은 사실상 진리에 대한 지식이며, 탁자라는 실제 사물은 엄밀히 말하면 우리가 직접적으로 아는 것이 아니다. 우리는 다만 어떤 기술을 알고, 그 기술이 적용되는 대상이 단 하나 있다는 것을 알 뿐이다. 이런 경우, 우리는 그 대상에 대한 우리의 지식을 '기술에 의한 지식'이라고 말한다.

우리의 모든 지식, 즉 사물에 대한 지식과 진리에 대한 지식은 모두 직접적 인식을 토대로 한다. 따라서 우리가 직접적으로 인식하는 것이 어떤 종류의 것들인지 살펴보는 것은 중요하다.

앞서 보았듯이 감각자료는 우리가 직접 인식하는 것들 가운데 하나이며, 사실상 직접적 인식의 가장 분명하고 두드러진 사례를 제공한다. 그러나 그것이 유일한 사례라면 우리의 지식은 지금보다 훨씬 더 제한될 것이다.

우리는 현재 감각에 주어져 있는 것만을 알 수 있을 뿐, 과거에 대해 — 심지어 과거가 존재했다는 사실조차 — 알 수 없게 될 것이다. 또한 감각자료에 대한 어떤 진리도 알 수 없게 되는데, 이는 모든 진리에 대한 지식이 감각자료와 본질적으로 성격이 다른 것들 — 때때로 '추상 관념'이라고 불리지만 여기서는 '보편자'라 부를 것들 — 에 대한 직접적 인식을 요구하기 때문이다.

따라서 우리의 지식을 어느 정도 제대로 분석하려면 감각자료 외의 다른 것들에 대한 직접적 인식도 함께 살펴봐야 한다.

감각자료를 넘어서는 첫 번째 확장은 기억에 의한 직접적 인식이다. 우리는 종종 과거에 보거나 들었거나 다른 방식으로 감각을 통해 경험했던 것을 기억하며, 이런 경우 그것이 현재가 아니라 과거로 나타나더라도 여전히 우리는 그것을 직접적으로 인식하고 있음이 분명하다. 이러한 기억에 의한 즉각적인 인식은 과거에 관한 모든 지식의 근원이다. 만약 이것이 없다면, 과거에 대한 추론적 지식도 불가능할 것이다. 과거라고 추론할 수 있는 무언가가 존재했다는 사실 자체를 전혀 알 수 없게 되기 때문이다.

다음으로 살펴볼 확장은 내성(內省)에 의한 직접적 인식이다. 우리는 사물 자체를 인식할 뿐 아니라, 그것을 인식하고 있다는 사실 또한 자주 의식한다. 예를 들어 내가 태양을 볼 때, 나는 종종 '내가 태양을 보고 있다'는 사실을 인식한다. 따라서 '내가 태양을 보고 있음'은 내가 직접적으로 인식하는 대상이 된다. 내가 음식을 원할 때, '내가 음식을 원하고 있음'을 인식할 수도 있다. 마찬가지로 우리는 쾌락이나 고통을 느끼고 있다는 것, 그리고 일반적으로 우리 정신 속에서 일어나는 사건들을 인식할 수 있다.

이러한 종류의 인식은 자기의식이라고 부를 수 있으며, 정신적인 사물에 관한 모든 지식의 근원이다. 이런 방식으로 직접 인식할 수 있는 것은 오직 우리 자신의 정신 속에서 일어나는 일뿐임은 분명하다.

다른 사람의 정신에서 일어나는 일은 그들의 신체를 지각함으로써, 즉 그 신체와 관련된 우리 안의 감각자료를 통해 알게 된다. 만약 자신의 의식 속에서 일어나는 것을 직접 인식하지 못한다면, 우리는 타인의 정신을 상상할 수 없을 것이며, 따라서 그들이 정신을 가지고 있다는 사실에도 결코 도달하지 못할 것이다.

자기의식은 인간을 동물과 구분하는 특징 중 하나라고 생각하는 것이 자연스럽다. 동물도 감각자료를 직접 인식할 수 있다고 가정할 수 있지만, 그러한 인식을 인식하는 단계에는 결코 이르지 못한다. 이는 동물들이 자신이 존재하는지 의심한다는 뜻이 아니라, 자신이 감각과 느낌을 가지고 있다는 사실 그리고 그 감각과 느낌의 주체로서 자신이 존재한다는 사실을 의식한 적이 없다는 뜻이다.

우리 정신의 내용을 인식하는 것을 자기의식이라고 불렀지만, 그것은 물론 '자아'에 대한 의식이 아니라 특정한 생각과 감정에 대한 의식이다. 특정한 생각과 감정이 아니라 '순수한 자아' 자체를 인식하는지에 대해서는 매우 어려운 문제가 있으며, 섣불리 단정하기는 어렵다.

내면을 들여다보려고 하면 언제나 어떤 특정한 생각이나 감정을 마주하게 되며, 그 생각이나 감정을 가진 '나' 자체를 발견하지는 못하는 듯하다. 그럼에도 불구하고 우리는 '나' 자체와도 인식 관계에 있다고 생각하게 하는 몇 가지 이유가 있으며, 다만 그 인식은 다른 것들과 분리해내기가 어렵다. 이러한 이유가 어떤 성격의 것인지 분명히 하려면, 잠시 특정한 생각과의 인식이 실제로 무엇을 수반하는지 살펴보자.

내가 '태양을 보는 나'와 인식 관계에 있을 때, 이는 두 가지 서로 다른 것이 관계 맺고 있다는 점이 분명하다. 한쪽에는 나에게 태양을 보여주는 감각자료가 있고, 다른 한쪽에는 그 감각자료를 보는 존재가 있다. 모든 인식 관계 — 이를테면 태양을 나타내는 감각자료와의 직접적 인식 — 는 인식하는 사람과 인식 대상 사이의 관계임이 자명하다. 그리고 그 인식 관계 자체를 내가 다시 인식할 수 있는 경우(예컨대, 태양을 나타내는 감각자료와 나의 인식 관계를 내가 인식하는 경우)에는, 인식하는 주체가 바로 나 자신임이 분명하다. 따라서 내가 태양을 보고 있다는 것을 인식할 때, 내가 인식하는 전체 사실은 '내가 감각자료와 접촉하고 있음'이다.

또한 우리는 '나는 이 감각자료와 인식 관계에 있다'라는 명제를 참으로 알고 있다. 그런데 우리가 이 명제를 알 수 있는 것, 심지어 그 의미를 이해할 수 있는 것조차, 우리가 '나'라고 부르는 어떤 것과 인식 관계에 있지 않다면 불가능해 보인다.

이를 위해 우리가 어제와 오늘 동일한, 어느 정도 지속적인 인격체와 인식 관계에 있어야 한다고까지 가정할 필요는 없다. 다만 태양을 보고 감각자료와 인식 관계를 맺는 그 무엇 — 그 본성이 무엇이든 간에 — 과는 인식 관계에 있어야 할 것처럼 보인다. 따라서 어떤 의미에서는, 우리는 개별적인 경험과는 구별되는 '자기 자신'과 인식 관계에 있다고 봐야 할 듯하다. 그러나 이 문제는 난해하며, 양쪽 입장에서 복잡한 논거를 제시할 수 있다. 그러므로 비록 자기 자신과의 인식 관계가 실제로 있을 가능성이 높아 보이지만, 그것이 틀림없이 있다고 단정하는 것은 신중하지 않다.

따라서 지금까지 존재하는 사물과의 인식 관계에 대해 말한 내용을 다음과 같이 정리할 수 있다. 우리는 감각을 통해 외부 감각에 대한 자료와, 내적 감각이라 부를 수 있는 사유·감정·욕구 등의 자료와 인식 관계를 맺는다. 또한 기억을 통해, 과거에 외부 감각이나 내적 감각의 자료였던 것들과 인식 관계를 맺는다. 더 나아가, 사물에 대해 의식하거나 그것을 욕구하는 주체로서의 '자아'와도 인식 관계를 맺고 있을 가능성이 높으나, 이는 확실하다고 할 수는 없다.

우리가 구체적으로 존재하는 개별 사물들과 인식 관계를 맺는 것 외에도, '보편자'라 부를 수 있는 것들과도 인식 관계를 맺는다.

보편자란 백색성, 다양성, 형제애와 같이 일반적인 개념을 뜻한다. 모든 완전한 문장은 적어도 하나 이상의 보편자를 가리키는 단어를 포함해야 하며, 모든 동사는 보편적인 의미를 지닌다. 보편자에 대해서는 제9장에서 다시 다루겠지만, 지금은 우리가 인식할 수 있는 것이 반드시 개별적이고 실존하는 것일 것이라는 생각을 경계하는 것으로 충분하다.

보편자를 인식하는 것을 '이해(理解, conceiving)'라고 하며, 우리가 인식하는 보편자를 '개념(概念, concept)'이라 부른다.

우리가 직접적으로 접촉하여 아는 대상에는, 감각자료와 대비되는 물리적 대상이나 다른 사람의 정신이 포함되지 않는다. 이런 것들은 내가 '기술에 의한 지식'이라 부르는 방식으로만 알 수 있으며, 이제 우리는 이 지식을 살펴보아야 한다.

나는 '기술'이라 할 때, 'a ~'나 'the ~' 형식으로 된 어떠한 구를 뜻한다. 'a ~' 형식의 구를 '모호한 기술(ambiguous description)'이라 부를 것이고, 'the ~' 형식의 구(단수형)를 '확정적 기술(definite description)'이라 부를 것이다.

따라서 'a man'은 모호한 기술이고, 'the man with the iron mask'는 확정적 기술이다. 모호한 기술과 관련해서도 여러 문제가 있지만, 그것들은 우리가 지금 논의하는 주제와 직접적인 관련이 없으므로 여기서는 지나치겠다. 우리가 다루려는 것은, 어떤 확정적 기술에 해당하는 대상이 존재한다는 사실은 알지만, 그 어떤 대상과도 직접적 인식 관계를 맺고 있지 않은 경우, 우리가 그 대상에 관해 지니는 지식의 성격이다. 그러므로 이것은 오직 확정적 기술과만 관련된다. 따라서 이후로는 내가 단순히 '기술'이라 할 때 그것은 곧 단수형의 'the ~' 형식으로 된 확정적 기술을 의미한다고 하겠다.

우리는 어떤 대상을 '기술에 의해 안다'고 말할 때, 그것이 'the so-and-so'라는 것을 알 때를 뜻한다. 즉, 어떤 특정한 성질을 가진 대상이 단 하나 존재한다는 것을 알 때를 의미한다. 그리고 이 경우 일반적으로, 우리는 그 대상과 직접적 인식 관계에 있지 않음을 전제한다.

우리는 철가면을 쓴 사람이 존재했다는 것과 그에 관한 많은 명제를 알고 있지만, 그 사람이 누구인지는 모른다. 우리는 가장 많은 표를 얻은 후보자가 당선된다는 것을 알고 있다. 이 경우, 실제로 가장 많은 표를 얻게 될 후보자를 알고 있을 가능성이 크지만, 그 후보가 후보자들 중 누구인지, 즉 후보자 가운데 특정한 한 사람의 이름을 넣어 'A는 가장 많은 표를 얻게 될 후보이다'라는 형태의 명제는 알지 못한다.

우리는 어떤 대상을 두고 '단순히 기술적 지식만을 가지고 있다'고 말할 수 있다. 즉, 그 대상이 존재한다는 것은 알고 있고, 실제로 그 대상과 직접적으로 접촉하고 있을 수도 있지만, 우리가 직접 알고 있는 어떤 것을 지칭하는 a에 대해 'a가 바로 그 대상이다'라는 형태의 명제를 알지 못하는 경우를 가리킨다.

우리가 '그 특정 대상이 존재한다(the so-and-so exists)'고 말할 때, 그것은 오직 하나의 대상만이 그 특정 대상이라는 뜻이다. 명제 'a는 그 특정 대상이다'는 a가 그와 같은 성질을 가지고 있으며, 다른 어떤 것도 그 성질을 갖지 않는다는 의미다.

예컨대 'A씨는 이 선거구의 연합당 후보자이다'라는 말은 'A씨가 이 선거구의 연합당 후보자이며, 다른 사람은 아니다'라는 뜻이다. '이 선거구의 연합당 후보자가 존재한다'는 말은 '누군가가 이 선거구의 연합당 후보자이며, 다른 사람은 아니다'라는 뜻이다. 따라서 우리가 그 특정 대상인 어떤 것과 직접적으로 접촉하고 있다면, 우리는 그 대상이 존재한다는 것을 안다. 그러나 우리가 특정 대상이라고 아는 것과 접촉하지 않고도 존재한다는 사실을 알 수 있으며, 심지어 실제로는 전혀 접촉하지 않고도 그 존재를 알 수 있다.

일상적인 단어, 심지어 고유명사조차도 실제로는 대개 기술에 해당한다. 즉, 어떤 사람이 고유명사를 올바르게 사용할 때, 그의 정신 속에 있는 생각은 일반적으로 그 고유명사를 기술로 바꾸어야만 명시적으로 표현될 수 있다. 게다가 그 생각을 표현하는 데 필요한 기술은 사람마다 다를 수 있고, 동일한 사람이라도 시점에 따라 달라질 수 있다. 다만, 이름이 올바르게 사용되는 한 변하지 않는 것은 그 이름이 가리키는 대상뿐이다. 그리고 이 대상이 동일하게 유지되는 한, 그 이름에 수반되는 구체적인 기술이 무엇이든, 그 이름이 등장하는 명제가 참인지 거짓인지는 보통 달라지지 않는다.

예를 들어보자. 비스마르크에 관한 어떤 진술이 있다고 하자. 만약 자기 자신에 대한 직접적인 인식이 가능하다고 가정하면, 비스마르크 자신은 자기와 친숙한 바로 그 특정 인물을 가리키기 위해 자기 이름을 직접 사용할 수 있었을 것이다. 이 경우, 그가 자신에 대해 판단을 내린다면, 그는 그 판단의 구성 요소가 될 수 있다.

여기서 고유명사는 대상에 대한 어떤 기술이 아니라, 단순히 특정 대상을 가리키는 용어로서 그 이름이 항상 가지려는 직접적인 용법을 갖게 된다. 그러나 비스마르크를 알고 있던 누군가가 그에 대해 판단을 내린 경우는 다르다. 이 사람이 직접 인식했던 것은, (그의 신체와 올바르게 연관 지었다고 가정하는) 비스마르크의 몸과 연결된 특정한 감각자료들이었다.

그의 신체는 물리적 대상으로서, 그리고 정신까지도 이 감각자료와 연결된 신체와 정신으로만 알려져 있었다. 즉, 그것들은 기술에 의해 알려진 것이었다. 물론, 친구가 어떤 사람을 떠올릴 때 그 사람의 외모 중 어떤 특징이 마음속에 떠오를지는 전적으로 우연에 달려 있다. 따라서 친구의 정신 속에 실제로 자리 잡는 기술은 부차적인 것이다. 중요한 점은, 그가 해당 인물과 직접적으로 접촉하고 있지 않음에도 불구하고, 여러 가지 기술들이 모두 동일한 존재에 적용된다는 것을 알고 있다는 사실이다.

비스마르크를 직접 알지 못하는 우리가 그에 대해 판단을 내릴 때, 우리 정신 속의 기술은 아마도 다소 모호하지만 상당한 양의 역사적 지식일 것이다. 대부분의 경우, 그 지식은 그를 식별하는 데 필요한 것보다 훨씬 많다. 그러나 예를 들어, 그를 '독일 제국의 초대 재상'으로 생각한다고 해 보자. 여기서 'German(독일의)'을 제외한 모든 단어는 추상적이다. 그리고 'German'이라는 단어조차 사람마다 다른 의미를 지닌다.

어떤 사람에게는 독일 여행의 기억을 떠올리게 하고, 또 다른 사람에게는 지도 속 독일의 모습을 떠올리게 하는 식이다. 그러나 적용 가능하다고 우리가 아는 기술을 얻으려면, 어느 시점에서는 반드시 우리가 직접 알고 있는 개별적인 것에 대한 언급을 포함해야 한다.

이러한 언급은 과거 · 현재 · 미래(명확한 날짜가 아닌 경우), '여기'와 '저기', 또는 다른 사람들이 우리에게 말해준 것에 대한 언급 속에 포함된다. 따라서 어떤 방식으로든, 특정한 것에 적용 가능하다고 아는 기술은, 기술된 대상에 대한 우리의 지식이 단지 그 기술로부터 논리적으로 도출되는 것에 불과하지 않으려면, 반드시 우리가 알고 있는 개별적인 것에 대한 언급을 포함해야 하는 듯하다.

예를 들어, '가장 오래 산 사람'이라는 기술은 보편자만을 포함하며, 반드시 어떤 한 사람에게 적용되지만, 우리는 그 사람에 대해 이 기술이 제공하는 것 이상의 지식을 판단할 수 없다. 그러나 '독일 제국의 초대 재상은 영리한 외교관이었다'라고 말한다면, 우리는 대개 들었거나 읽었던 증언처럼, 우리가 알고 있는 어떤 것에 근거해서만 우리의 판단이 참이라는 것을 확신할 수 있다. 우리가 다른 사람에게 전달하는 정보, 그리고 실제 비스마르크에 관한 사실로부터 우리의 판단이 중요성을 갖게 되는 것을 제외하면, 우리가 실제로 정신 속에 갖는 생각은 하나 이상의 개별자를 포함하며, 나머지는 전적으로 개념으로 이루어져 있다.

런던, 잉글랜드, 유럽, 지구, 태양계와 같은 모든 지명은 사용될 때, 우리가 알고 있는 하나 이상의 개별자에서 출발하는 기술을 수반한다. 나는 심지어 형이상학에서 다루는 우주조차도 이러한 개별자와의 연관을 포함한다고 생각한다. 반면에, 단지 실제로 존재하는 것뿐만 아니라 존재할 수 있거나 가능할 모든 것을 다루는 논리학에서는 실제 개별자에 대한 언급이 전혀 필요하지 않다.

우리가 오직 '기술을 통해서만' 알고 있는 어떤 것에 대해 진술할 때, 실제로는 그 기술을 포함한 형태로 말하려는 것이 아니라, 기술된 바로 그 대상 자체에 대해 말하려는 경우가 많다. 즉, 우리가 비스마르크에 대해 어떤 말을 할 때, 우리가 바라는 것은 가능하다면 오직 비스마르크 자신만이 내릴 수 있는 판단, 곧 그 자신이 판단의 한 구성 요소가 되는 판단을 내리는 것이다. 그러나 우리는 필연적으로 실패할 수밖에 없는데, 실제의 비스마르크는 우리에게 알려져 있지 않기 때문이다. 하지만 우리는 비스마르크라 불리는 어떤 대상 B가 존재한다는 것과, 그 B가 노련한 외교관이었다는 것을 안다.

우리가 확언하고자 하는 명제는 다음과 같이 표현할 수 있다. 'B는 영리한 외교관이었다' ─ 여기서 B는 비스마르크였던 그 객체를 가리킨다. 만약 우리가 비스마르크를 '독일 제국의 초대 재상'이라고 기술한다면, 우리가 확언하고자 하는 명제는 이렇게 묘사될 수 있다. '실제로 독일 제국의 초대 재상이었던 객체가 영리한 외교관이었다는 사실을 주장하는 명제.'

서로 다른 기술을 사용하더라도 우리가 의사소통할 수 있는 것은, 실제 비스마르크에 관한 어떤 참인 명제가 존재하며, 그 기술이 올바른 한 기술이 달라져도 그 명제는 여전히 동일하다는 것을 알고 있기 때문이다. 이렇게 기술되고 참임이 알려진 명제가 바로 우리가 관심을 가지는 것이다. 그러나 우리는 그 명제 자체와는 직접 접촉하고 있지 않으며, 그것을 알지도 못한다. 다만 그것이 참이라는 사실만 알고 있을 뿐이다.

우리가 구체적 대상과의 직접적 인식으로부터 점차 멀어지는 여러 단계가 있음을 알 수 있다. 이를테면, 비스마르크를 실제로 알던 사람들에게 있어서의 비스마르크, 역사를 통해서만 비스마르크를 아는 사람들에게 있어서의 비스마르크, 철가면을 쓴 남자 그리고 가장 오래 산 인간 등이 있다. 이들은 순차적으로 구체적 인식으로부터 더 멀어진 단계에 속한다.

첫 번째 경우는 다른 사람에 관해 가능한 한 직접적 인식에 가까운 경우이고, 두 번째 경우에도 우리는 여전히 '비스마르크가 누구였는지'를 안다고 말할 수 있다. 세 번째 경우에는 철가면을 쓴 남자가 누구였는지는 모르지만, 그가 철가면을 썼다는 사실에서 논리적으로 도출할 수 없는 많은 명제들을 알 수 있다. 마지막 네 번째 경우에는, 우리는 정의에서 논리적으로 도출되는 것 이상은 아무것도 알지 못한다.

보편자 영역에서도 이와 유사한 위계가 있다. 많은 보편자들이 많은 개별자들과 마찬가지로 오직 기술을 통해서만 알려진다. 그러나 여기에서도, 개별자의 경우와 마찬가지로, 기술을 통해 아는 것에 관한 지식은 궁극적으로 직접적 인식을 통해 아는 것에 관한 지식으로 환원된다.

기술을 포함한 명제를 분석할 때의 근본 원리는 다음과 같다.

우리가 이해할 수 있는 모든 명제는 반드시 우리가 친숙하게 알고 있는 구성 요소들로만 이루어져 있어야 한다.

이 단계에서 우리는 이 근본 원리에 제기될 수 있는 모든 반론에 답하려고 하지는 않을 것이다. 다만 지금은, 어떤 식으로든 이러한 반론에 대응할 수 있어야 함을 지적하는 데 그치겠다. 우리가 판단하거나 어떤 가정을 할 때, 그것이 무엇에 대한 판단이나 가정인지 전혀 모른 채 그렇게 하는 것은 거의 생각할 수 없는 일이기 때문이다.

의미 있는 발화를 하고 단순한 잡음을 내뱉지 않으려면, 사용하는 단어에 어떤 의미를 부여해야 한다. 그리고 그 단어에 부여하는 의미는 우리가 익히 알고 있는 것이어야 한다.

따라서, 예를 들어 율리우스 카이사르에 대해 어떤 진술을 할 때, 우리는 그와 직접적으로 알지 못하므로, 율리우스 카이사르 그 자신이 우리의 정신 속에 직접 떠오르는 것은 아니라는 점이 분명하다.

우리는 율리우스 카이사르에 대해 '3월의 아이즈(Ides, 15일)에 암살된 사람', '로마 제국의 창건자', 혹은 단순히 '이름이 율리우스 카이사르였던 사람'과 같은 어떤 묘사를 정신 속에 떠올린다. (마지막 경우에서 '율리우스 카이사르'라는 말은 우리가 알고 있는 하나의 소리나 글자 모양일 뿐이다.) 따라서 우리의 진술은 겉으로 보이는 의미 그대로가 아니라, 율리우스 카이사르라는 개인 대신, 우리가 알고 있는 개별적 요소들과 보편적 개념만으로 이루어진 그에 대한 어떤 기술을 포함하는 의미를 갖는다.

기술(記述)에 의한 지식이 중요한 이유는, 그것이 우리로 하여금 사적 경험의 한계를 넘어설 수 있게 해주기 때문이다. 우리는 오직 우리가 직접 접해본 용어들로만 이루어진 진리만을 알 수 있음에도, 결코 경험해 본 적 없는 것들에 대해서도 기술에 의한 지식을 가질 수 있다.

우리의 직접적 경험 범위가 극히 좁다는 점을 생각하면, 이러한 결과는 매우 중요하다. 그리고 이 점을 이해하기 전까지는, 우리의 지식 중 상당 부분이 여전히 불가해하고, 따라서 의심스러운 채로 남게 될 것이다.

제6장 귀납에 대하여
ON INDUCTION

지금까지의 거의 모든 논의에서 우리는 존재에 관한 지식의 자료를 분명히 하려는 데 주력해 왔다. 다시 말해, 우리가 친숙하게 알고 있기 때문에 그 존재를 안다고 할 수 있는 것은 우주 안에 어떤 것들이 있는가 하는 문제였다. 지금까지의 대답은 우리가 감각자료를, 그리고 아마도 '나 자신'을 잘 알고 있다는 것이었다. 우리는 이들이 존재한다는 것을 안다. 그리고 기억 속에 남아 있는 과거의 감각자료가 과거에 존재했다는 것도 알고 있다. 이러한 지식이 우리의 논의를 위한 출발점이 된다.

그러나 이러한 자료들로부터 추론을 이끌어내려면 — 물질의 존재, 다른 사람들의 존재, 개인의 기억이 시작되기 이전의 과거, 혹은 미래의 존재를 알기 위해서는 — 그러한 추론을 가능하게 하는 어떤 일반 원리를 알고 있어야 한다.

즉, 한 종류의 사물 A의 존재가 다른 종류의 사물 B의 존재를 나타내는 표지라는 것을 알아야 한다. 이때 B의 존재는 A와 동시에일 수도, A보다 앞선 시점이나 이후의 시점일 수도 있다.

예를 들어, 천둥은 그보다 앞서 번개가 있었다는 표시다. 만약 이러한 사실을 알지 못한다면, 우리의 지식을 사적인 경험의 범위를 넘어 확장할 수 없을 것이며, 앞서 살펴본 것처럼 그 범위는 극히 제한적이다.

이제 우리가 고려해야 할 문제는 이러한 확장이 가능한지, 가능하다면 그것이 어떻게 이루어지는가이다.

예를 들어, 우리 모두가 전혀 의심하지 않는 한 가지 사실을 들어보자. 우리는 모두 내일 태양이 떠오를 것이라고 확신한다. 그런데 왜 그렇게 믿는가? 이 믿음은 단순히 과거의 경험에서 맹목적으로 비롯된 것일까, 아니면 합리적인 믿음으로서 정당화될 수 있을까?

이러한 종류의 믿음이 합리적인지 아닌지를 판단할 기준을 찾기는 쉽지 않다. 그러나 최소한, 만약 참이라면 '태양이 내일 떠오를 것'이라는 판단과, 우리의 행동이 기반하고 있는 수많은 유사한 판단들을 정당화하기에 충분한 일반적인 믿음이 어떤 성질의 것인지 확인할 수는 있다.

태양이 내일도 떠오를 것이라고 믿는 이유를 묻는다면, 우리는 자연스럽게 '매일 늘 떠올랐기 때문'이라고 대답할 것이다. 과거에 태양이 떠올랐기 때문에, 우리는 앞으로도 계속 떠오를 것이라고 굳게 믿는다.

만약 왜 태양이 앞으로도 지금까지처럼 계속 떠오를 것이라 믿는지에 대해 질문을 받는다면, 우리는 운동 법칙을 근거로 들 수 있다. 즉, 지구는 자유롭게 회전하는 천체이며, 이러한 천체는 외부에서 무언가가 간섭하지 않는 한 회전을 멈추지 않고, 지금부터 내일까지 지구를 방해할 외부 요인은 없다는 것이다. 물론, 정말로 외부에서 방해할 것이 전혀 없는지에 대해서는 의문을 제기할 수 있지만, 이것은 흥미로운 의문이 아니다.

더 흥미로운 의문은 운동 법칙이 과연 내일까지도 계속 작동할 것인가 하는 점이다. 만약 이 의문이 제기된다면, 우리는 태양이 내일 떠오를지에 대한 의문이 처음 제기되었을 때와 똑같은 상황에 놓이게 된다.

운동 법칙이 앞으로도 계속 작동할 것이라고 믿는 유일한 이유는, 우리가 아는 한 과거에 그것들이 항상 작동해 왔기 때문이다. 과거의 증거를 살펴보면, 운동 법칙에 유리한 근거는 태양이 떠오른다는 사실보다 훨씬 더 많다. 왜냐하면 태양이 떠오르는 것은 운동 법칙이 성립하는 수많은 구체적 사례 중 하나에 불과하며, 그 밖에도 무수히 많은 사례들이 존재하기 때문이다.

하지만 진짜 문제는 이렇다. 어떤 법칙이 과거에 수없이 성립했던 사례들이, 앞으로도 성립할 것이라는 근거가 될 수 있는가? 만약 그렇지 않다면, 우리는 내일 태양이 떠오를 것이라고 기대할 아무런 이유도 없게 된다. 마찬가지로 다음 식사에서 먹을 빵이 우리를 중독시키지 않을 것이라고 기대할 이유도, 그리고 우리 일상을 지배하는 수많은 무의식적 기대들에 대한 이유도 사라진다. 주목할 점은, 이러한 모든 기대는 어디까지나 개연적(蓋然的)일 뿐이라는 것이다. 따라서 우리는 그것들이 반드시 성립한다는 증거를 찾을 필요는 없고, 다만 그것들이 성립할 가능성이 높다는 견해를 뒷받침할 근거만 찾으면 된다.

이 문제를 다루기 위해서는, 먼저 중요한 구별을 해야 한다. 이 구별을 하지 않으면 곧 돌이킬 수 없는 혼란에 빠질 것이다. 경험에 비추어 볼 때, 지금까지 어떤 동일한 연속이나 공존이 자주 반복되면, 우리는 다음에도 그 동일한 연속이나 공존이 일어날 것이라고 기대하게 되었다.

예를 들어, 특정한 외양을 가진 음식은 대체로 일정한 맛을 갖기 마련이며, 익숙한 외양이 뜻밖의 맛과 결합되어 있음을 발견하면 우리의 기대는 크게 흔들린다. 우리가 눈으로 보는 사물들은 습관에 의해, 그것을 만졌을 때 기대하게 되는 특정한 촉감과 연결된다. 많은 유령 이야기에서 유령이 주는 공포 중 하나는, 만졌을 때 아무런 촉감을 주지 않는다는 점이다. 정규 교육을 받지 못한 사람들은 처음 외국에 나갔을 때, 자국어가 통하지 않는다는 사실에 놀라, 믿으려 하지 않는 경우가 많다.

    이런 종류의 연관성은 사람에게만 국한되지 않고, 동물에게서도 매우 강하게 나타난다. 어떤 길을 자주 다닌 말은 다른 방향으로 몰려고 하면 거부한다. 가축은 평소 먹이를 주는 사람을 보면 먹이를 기대한다. 우리는 이러한 다소 단순한 '자연은 늘 일정하다'는 기대가 잘못될 수 있다는 것을 알고 있다. 평생 매일 자신에게 먹이를 주던 사람이 마침내 목을 비틀어 버린 경우를 보라. 그 닭에게는, 자연의 일정성에 대해 좀 더 세련된 관점을 갖는 것이 유익했을 것이다.

    그렇지만 때때로 잘못된다는 점에도 불구하고 이런 기대가 줄곧 존재한다. 어떤 일이 일정 횟수만큼 일어났다는 사실만으로도 사람과 동물은 그것이 다시 일어날 것이라 기대하게 된다. 따라서 우리의 본능은 태양이 내일도 떠오를 것이라고 믿게 하지만, 목이 비틀릴 줄 전혀 예상하지 못했던 닭과 다를 바 없을 수도 있다. 그러므로 과거의 일정한 반복이 미래에 대한 기대를 낳는다는 사실과, 그런 기대의 타당성이 문제로 제기된 이후에도 그것에 무게를 두는 것이 합리적인 근거를 갖는지의 여부는 구분해야 한다.

우리가 논의해야 할 문제는 이른바 '자연의 보편성'에 대한 믿음을 가질 이유가 있는지 여부다. 자연의 보편성에 대한 믿음이란, 과거에 일어났거나 앞으로 일어날 모든 일이 예외 없이 어떤 일반 법칙의 사례라는 믿음이다.

지금까지 살펴본 거친 기대들은 모두 예외가 존재하므로, 믿음을 가진 이들을 실망시키기 쉽다. 그러나 과학은 적어도 실용적 가설로서, 예외가 있는 일반 규칙은 예외가 없는 일반 규칙으로 대체될 수 있다고 가정한다.

'공중에 지탱되지 않은 물체는 떨어진다'는 일반 규칙에는 기구나 비행기 같은 예외가 있다. 그러나 대부분의 물체가 떨어지는 이유를 설명하는 운동 법칙과 중력 법칙은 동시에 기구와 비행기가 상승할 수 있는 이유도 설명한다. 따라서 운동 법칙과 중력 법칙은 이런 예외에 해당하지 않는다.

태양이 내일 떠오를 것이라는 믿음은, 지구가 갑자기 거대한 천체와 충돌해 자전이 멈추는 경우 틀릴 수 있다. 그러나 이런 사건이 일어나더라도 운동 법칙과 중력 법칙이 위배되는 것은 아니다. 과학의 과제는 운동 법칙이나 중력 법칙처럼, 우리가 경험한 한 단 한 번도 예외가 없는 보편성을 찾아내는 것이다. 이 탐구에서 과학은 놀라운 성공을 거두었으며, 이러한 보편성들이 지금까지는 항상 성립해 왔다고 인정할 수 있다.

우리는 바로 이 문제로 다시 돌아오게 된다. 과거에 늘 성립했다는 사실을 전제로, 그 일들이 앞으로도 계속 성립할 것이라고 생각할 이유가 있을까?

미래가 과거와 비슷할 것이라고 알게 되는 이유가 있다는 주장도 있다. 과거에 '미래였던 것'이 항상 과거가 되었고, 그것은 언제나 과거와 비슷했으니, 사실상 미래를 경험한 셈이라는 것이다. 즉, 과거에 미래였던 시점들, 즉 '과거의 미래'라 부를 수 있는 것들을 경험했다는 말이다. 그러나 이런 논증은 바로 그 논점 자체를 전제하고 있다.

우리가 경험한 것은 '과거의 미래'이지 '미래의 미래'가 아니다. 문제는 '미래의 미래'가 '과거의 미래'와 닮을 것인가 하는 것이며, 이는 오직 '과거의 미래'만을 전제로는 답할 수 없다. 그러므로 우리는 여전히 미래가 과거와 같은 법칙을 따를 것임을 알게 해줄 원리를 찾아야 한다.

이 문제에서 미래를 언급하는 것은 본질적이지 않다. 우리가 경험 속에서 작동하는 법칙을, 경험해본 적 없는 과거의 사물에 적용할 때도 똑같은 문제가 발생한다. 예를 들어, 지질학이나 태양계 기원에 관한 이론이 그렇다.

우리가 실제로 물어야 할 질문은 다음과 같다. '두 사물이 자주 함께 나타나고, 그중 하나가 다른 것 없이 나타난 사례가 전혀 알려져 있지 않다면, 새로운 사례에서 그중 하나가 나타났을 때 다른 하나도 나타날 것이라고 기대할 충분한 근거가 있는가?' 이 질문에 대한 우리의 대답에, 미래에 대한 모든 기대의 타당성, 귀납으로 얻어진 모든 결과 그리고 사실상 우리의 일상생활이 기반하고 있는 거의 모든 믿음이 달려 있다.

우선 인정해야 할 것은, 두 사물이 자주 함께 나타나고 결코 따로 나타나지 않았다고 해서, 그것만으로 다음 번 조사에서도 반드시 함께 나타날 것임을 논증적으로 증명할 수는 없다는 점이다. 우리가 기대할 수 있는 최선은, 두 사물이 함께 발견된 횟수가 많을수록 다음에도 함께 나타날 가능성이 커진다고 보는 것이다. 그리고 함께 나타난 사례가 충분히 많으면, 그 가능성은 거의 확실성에 가까워질 수 있다. 그러나 아무리 자주 반복되더라도 마지막 순간에 예외가 생길 수 있다는 것을 우리는 알고 있다. 목이 비틀린 닭의 경우가 그렇다. 따라서 우리가 구해야 하는 것은 확실성이 아니라 개연성이다.

우리가 주장하는 견해에 반대하는 입장에서, 모든 자연 현상은 법칙의 지배를 받으며, 어떤 경우에는 관찰을 통해 오직 하나의 법칙만이 그 사실에 들어맞을 수 있음을 알 수 있다고 반박할 수 있을 것이다. 그러나 이에 대해서는 두 가지 답변이 가능하다.

첫째, 아무리 예외가 없는 법칙이 우리의 경우에 적용된다고 하더라도, 실제로는 우리가 발견한 것이 정말로 그러한 법칙인지, 아니면 예외가 있는 다른 법칙인지를 결코 확신할 수 없다.

둘째, 법칙의 지배 자체도 그저 개연적일 뿐이며, 그것이 미래나 과거의 미검증 사례에도 적용될 것이라는 우리의 믿음은 바로 지금 우리가 검토하고 있는 원리에 근거하고 있다.

우리가 지금 검토하고 있는 원리는 '귀납의 원리'라고 부를 수 있으며, 그것은 다음의 두 부분으로 나눌 수 있다.

(a) 어떤 종류 A의 사물이 다른 종류 B의 사물과 함께 나타나고, B 종류의 사물과 따로 떨어져 나타난 경우가 한 번도 없었다면, A와 B가 함께 나타난 사례가 많을수록, 그중 하나가 존재하는 새로운 경우에서도 둘이 함께 나타날 개연성은 더 커진다.

(b) 같은 조건에서, 충분히 많은 수의 결합 사례가 있으면, 새로운 경우에서도 결합이 일어날 개연성은 거의 확실해지며, 그 확실성에 한없이 가까워진다.

방금 진술한 대로, 이 원리는 단 하나의 새로운 사례에서 우리의 기대가 검증되는 경우에만 적용된다. 그러나 우리는 또한, 충분한 수의 결합 사례가 알려져 있고 결합이 실패한 사례가 전혀 알려져 있지 않다면, A 종류의 사물은 언제나 B 종류의 사물과 결합되어 있다는 일반 법칙이 성립할 개연성도 알고 싶다.

일반 법칙이 성립할 개연성은, 그것이 참이라면 개별 사례도 반드시 참이지만, 개별 사례가 참이라고 해서 반드시 일반 법칙이 참일 필요는 없기 때문에, 개별 사례의 개연성보다 분명히 낮다. 그럼에도 불구하고 일반 법칙이 성립할 개연성도 반복을 통해, 개별 사례의 개연성이 높아지는 것과 마찬가지로 증가한다. 그러므로 우리는 일반 법칙에 대해서도 다음과 같이 두 부분으로 된 원리를 반복해 진술할 수 있다.

(a) A 종류의 사물이 B 종류의 사물과 결합된 사례가 많으면 많을수록(결합이 실패한 사례가 전혀 알려져 있지 않다면) A가 항상 B와 결합되어 있을 개연성은 더 높아진다.

(b) 같은 조건에서, A와 B가 결합된 사례가 충분히 많아지면 A가 항상 B와 결합되어 있다는 사실은 거의 확실해지며, 이 일반 법칙의 확실성은 한계 없이 확실성에 가까워진다.

확률은 항상 일정한 자료에 상대적이라는 점을 유념해야 한다. 여기서 자료란 단지 A와 B가 공존한 것으로 알려진 사례들뿐이다. 확률을 크게 바꿀 수 있는 다른 자료들이 있을 수도 있고, 그것들을 고려해야 할 수도 있다.

예를 들어, 수많은 흰 백조를 본 사람이 우리의 원리에 따라 모든 백조가 흰색일 개연성이 높다고 주장할 수 있는데, 이는 자료에 비추어 볼 때 전혀 문제가 없는 추론일 수 있다. 일부 백조가 검다는 사실이 이 주장을 반박하는 것은 아니다. 어떤 일이, 그것을 불가능하거나 개연성이 낮게 만드는 자료가 있음에도 불구하고, 실제로 일어날 수 있기 때문이다.

 백조의 경우를 예로 들면, 어떤 사람은 많은 동물 종에서 색깔이 매우 가변적인 특징이라는 사실을 알고 있을 수 있다. 따라서 색깔에 관한 귀납은 특히 오류가 발생하기 쉽다고 할 수 있다. 그러나 이러한 지식은 이전의 자료에 비해 확률이 잘못 추정되었다는 것을 결코 입증하지 않는 새로운 자료일 뿐이다. 그러므로 사물이 종종 우리의 기대를 충족시키지 못한다는 사실은, 주어진 사례나 특정 부류의 사례에서 우리의 기대가 실현될 가능성이 없다는 증거가 되지 않는다. 따라서 우리의 귀납 원리는 적어도 경험에 호소하는 방식으로는 반박될 수 없다.

 하지만 귀납 원리는 경험에 호소하는 방식으로도 결코 증명될 수 없다. 경험은 이미 조사된 사례들에 대해서라면 귀납 원리를 뒷받침할 수 있을지 모른다. 하지만 아직 조사되지 않은 사례들에 대해서는, 조사된 것에서 조사되지 않은 것으로 추론을 정당화할 수 있는 근거는 오직 귀납 원리뿐이다.

 경험을 바탕으로 미래나, 과거 또는 현재 중 아직 경험하지 못한 부분에 대해 논하는 모든 논증은 귀납 원리를 전제로 한다. 따라서 귀납 원리를 증명하기 위해 경험을 사용하는 것은 순환 논증에 빠질 수밖에 없다. 그러므로 우리는 귀납 원리를 그 자체의 타당성을 근거로 받아들이거나, 미래에 대한 우리의 기대를 정당화할 모든 근거를 포기해야 한다.

만약 귀납 원리가 타당하지 않다면, 우리는 내일 태양이 뜰 것이라고 기대할 이유도, 빵이 돌보다 더 영양가 있을 것이라고 기대할 이유도, 옥상에서 돌을 던지면 떨어질 것이라고 기대할 이유도 없다. 가장 친한 친구처럼 보이는 사람이 다가오는 것을 보았을 때, 그의 몸이 우리의 가장 큰 적이나 전혀 모르는 사람의 정신에 의해 지배되고 있지 않다고 생각할 이유도 없다.

우리의 모든 행위는 과거에 작용했던 연관에 기반하며, 그렇기 때문에 그것들이 앞으로도 작용할 것이라고 여긴다. 그리고 이러한 개연성의 타당성은 귀납 원리에 의존한다.

과학의 일반 원리, 예를 들어 법칙이 지배한다는 믿음이나 모든 사건에는 반드시 원인이 있다는 믿음은, 일상생활에서의 믿음과 마찬가지로 전적으로 귀납 원리에 의존한다. 이러한 모든 일반 원리는 사람들이 그것이 참임을 보여주는 무수한 사례를 발견했고, 거짓임을 보여주는 사례는 찾지 못했기 때문에 믿어 왔다. 그러나 이러한 사실은 귀납 원리를 가정하지 않는 한, 그것이 미래에도 참일 것이라는 증거가 되지 않는다.

따라서 경험에 근거해, 경험하지 않은 것에 대해 무언가를 알려주는 모든 지식은, 경험으로는 확인할 수도 반박할 수도 없는 믿음에 기초한다. 그러나 적어도 그보다 더 구체적인 적용에 있어서는, 그러한 믿음은 경험적 사실들 가운데 많은 것만큼이나 우리 속에 깊이 뿌리내린 것처럼 보인다.

이러한 믿음의 존재와 정당성 — 귀납 원리는, 곧 보게 되겠지만, 그 유일한 사례가 아니다 — 은 철학에서 가장 어렵고 논쟁이 많은 문제들 중의 일부를 제기한다. 우리는 다음 장에서 이러한 지식이 성립하는 이유를 간략히 살펴보고, 그것의 범위와 확실성의 정도를 검토할 것이다.

제7장 일반 원리에 관한 우리의 지식
ON OUR KNOWLEDGE OF GENERAL PRINCIPLES

앞 장에서 귀납의 원리가 경험에 근거한 모든 논증의 타당성을 위해 필수적이지만, 그 자체는 경험으로 증명될 수 없다는 사실을 살펴보았다. 그럼에도 불구하고 귀납의 원리는 누구나, 적어도 구체적인 적용에서는, 망설임 없이 믿고 있다. 이러한 특징은 귀납의 원리에만 국한되지 않는다. 경험으로는 증명하거나 반증할 수 없지만, 경험에서 출발하는 논증에 사용되는 다른 여러 원리들도 존재한다.

이러한 원리들 가운데 일부는 귀납의 원리보다 더 확실한 증거를 지니며, 그에 대한 우리의 지식은 감각자료의 존재를 아는 것과 동일한 수준의 확실성을 갖는다. 이 원리들은 감각으로 주어진 것에서 추론을 이끌어내는 수단이 된다. 그리고 우리가 추론한 것이 참이 되려면, 우리의 자료가 참인 것만큼이나 우리의 추론 원리도 참이어야 한다. 추론의 원리들은 너무나 자명하기 때문에 간과되기 쉽다. 그 안에 포함된 가정을 우리가 가정이라는 사실조차 의식하지 못한 채 동의해 버리기 때문이다. 그러나 올바른 인식론을 세우려면 추론 원리의 사용을 자각하는 것이 매우 중요하다. 왜냐하면 이러한 원리에 대한 우리의 지식은 흥미롭고도 어려운 문제들을 제기하기 때문이다.

일반 원리에 관한 모든 지식에서 실제로 일어나는 과정은 이렇다. 우리는 먼저 어떤 특정한 경우에 그 원리가 적용되는 것을 깨닫고, 이어서 그 특정성이 중요하지 않다는 것, 즉 동일하게 참으로 확언될 수 있는 보편성이 있다는 것을 깨닫는다. 이는 산수 교육과 같은 경우에서 익숙하게 볼 수 있다. 예를 들어 '2 더하기 2는 4'라는 사실은 처음에는 어떤 특정한 두 쌍의 경우에서 배우고, 그 다음에는 또 다른 특정한 경우에서 배우는 식으로 반복된다. 그러다가 마침내 모든 두 쌍의 경우에도 성립한다는 것을 알게 되는 것이다.

논리적 원리의 경우에도 같은 일이 일어난다. 두 사람이 오늘이 며칠인지 이야기한다고 해보자. 한 사람이 말한다. "적어도 어제 15일이었다면 오늘은 16일이라는 점은 인정하겠지?" 다른 사람이 대답한다. "그래, 그건 인정하지." 첫 번째 사람이 이어서 말한다. "그리고 네가 어제 존스와 함께 저녁을 먹은 걸 알지. 네 일기를 보면 그게 15일이었음을 알 수 있을 거야." 두 번째 사람이 말한다. "맞아. 그러니까 오늘은 16일이네."

이런 논증은 따라가기 어렵지 않으며, 그 전제가 사실이라고 인정된다면 결론도 반드시 참이라는 데 이의를 제기할 사람은 없다. 그러나 이 결론의 타당성은 일반적인 논리적 원리의 한 사례에 의존한다. 그 논리적 원리는 다음과 같다.

"만약 '이것이 참이라면 저것도 참이다'라는 것이 알려져 있다고 하자. 또한 '이것이 참이다'라는 것도 알려져 있다면, 그 결과 '저것도 참이다'라는 결론이 따라 나온다."

우리가 "이것이 참이면 저것이 참이다"라고 말할 때, 우리는 이것이 저것을 '함의한다'고 하며, 저것은 이것으로부터 '따라 나온다'고 한다. 따라서 이 원리는 "만약 이것이 저것을 함의하고, 이것이 참이라면, 저것도 참이다"라고 말하는 셈이다. 다시 말해, "참인 진술이 함의하는 모든 것은 참이다" 또는 "참인 진술로부터 따라 나오는 모든 것은 참이다"라는 것이다.

이 원리는, 적어도 그 구체적인 사례들은, 모든 증명에 반드시 포함된다. 우리가 믿는 어떤 사실을 사용해 다른 사실을 증명하고, 그 결과 그것도 믿게 될 때마다 이 원리가 작용한다. 누군가 "왜 참인 전제에 기초한 타당한 논증의 결론을 받아들여야 합니까?"라고 묻는다면, 우리는 이 원리를 근거로 대답할 수밖에 없다.

　사실 이 원리의 진리를 의심하는 것은 불가능하며, 그 자명함은 처음에는 거의 사소해 보일 정도로 크다. 그러나 철학자에게 이러한 원리들은 사소한 것이 아니다. 왜냐하면 그것들은 우리가 감각적 대상에서 비롯되지 않은 의심할 여지없는 지식을 가질 수 있음을 보여주기 때문이다.

　위에서 말한 원리는 여러 자명한 논리적 원리들 가운데 하나일 뿐이다. 어떤 논증이나 증명이 가능하려면, 이들 원리 가운데 적어도 일부는 먼저 받아들여져야 한다. 일단 몇 가지가 받아들여지면, 다른 것들은 증명될 수 있는데, 단순한 것들이라면 그것들 역시 처음에 전제로 삼은 원리들만큼이나 자명하다. 전통적으로는 특별한 이유도 없이, 이러한 원리들 중 세 가지가 '사유의 법칙'이라는 이름으로 구분되어 왔다.

　그 내용은 다음과 같다.

　1. 동일률(同一律): "존재하는 것은 그대로 존재한다."*

　2. 모순률(矛盾律): "어떤 것도 동시에 존재하면서 존재하지 않을 수는 없다."

　3. 배중률(排中律): "모든 것은 존재하거나 존재하지 않거나 둘 중 하나여야 한다."

이 세 가지 법칙은 자명한 논리적 원리들의 한 예일 뿐이며, 방금 살펴본 '참인 전제로부터 따라 나오는 것은 참이다'라는 원리처럼 다른 여러 유사한 원리들보다 더 근본적이거나 더 자명한 것은 아니다. 또한 '사고의 법칙'이라는 명칭도 오해의 소지가 있다.

중요한 것은 우리가 이 법칙들에 따라 사고한다는 사실이 아니라, 사물 자체가 이 법칙들에 따라 작용한다는 사실이다. 다시 말해, 우리가 이 법칙들에 따라 사고할 때, 올바르게 사고하게 된다는 사실이 중요하다. 그러나 이것은 훨씬 더 큰 주제이므로, 나중에 다시 다루어야 한다.

주어진 전제로부터 어떤 것이 확실히 참임을 증명하게 해주는 논리적 원리들 외에도, 주어진 전제로부터 어떤 것이 참일 가능성이 크거나 적음을 증명하게 해주는 다른 논리적 원리들이 있다. 이러한 원리의 한 예 — 아마도 가장 중요한 예 — 가 바로 앞 장에서 살펴본 귀납 원리다.

철학사에서 큰 논쟁 가운데 하나는 각각 '경험론자'와 '합리론자'라 불리는 두 학파 사이의 논쟁이다. 영국 철학자 로크Locke, 버클리Berkeley, 흄Hume으로 대표되는 경험론자들은 우리의 모든 지식이 경험에서 비롯된다고 주장했다. 이에 반해, 17세기 대륙 철학자들, 특히 데카르트Descartes와 라이프니츠Leibniz로 대표되는 합리론자들은, 우리가 경험으로 아는 것 외에도 경험과 무관하게 아는 일정한 '선천적 관념'과 '선천적 원리'가 존재한다고 주장했다.

이제 우리는 이 상반된 두 학파의 주장에 대해 어느 정도 자신 있게 그 진위 여부를 판단할 수 있게 되었다. 앞에서 제시한 이유들에 따르면, 논리적 원리는 우리가 아는 것이며 경험으로 증명될 수 없다. 모든 증명은 이미 그 원리들을 전제로 하기 때문이다. 따라서 논리적 원리들이 경험에 선행한다는 점, 곧 논쟁의 핵심 쟁점에서는 합리론자들이 옳았다.

반대로, 경험으로는 증명할 수 없는, 즉 경험과 논리적으로 독립된 지식조차도 사실은 경험을 계기로 드러나고 인식된다. 우리는 특정한 경험을 통해 그 경험들의 연관성이 드러내는 일반적 원리를 깨닫게 된다. 아기가 태어날 때 이미 인간이 아는 모든 것을, 그리고 경험으로부터 도출될 수 없는 모든 것을 알고 있다는 식의 '선천적 원리'를 가정한다면, 그것은 분명 터무니없는 일일 것이다.

이러한 이유로, 오늘날에는 논리적 원리에 대한 우리의 지식을 가리키는 데 '선천적'이라는 표현을 쓰지 않는다. 현대 저자들 사이에서는 '선험적(先驗的, a priori)'이라는 표현이 덜 거슬리고 더 흔히 사용된다. 따라서 모든 지식이 경험에 의해 이끌리고 촉발된다는 점을 인정하면서도, 우리는 일부 지식이 선험적이라고 보아야 한다.

여기서 선험적이라는 것은, 그것을 떠올리게 하는 경험이 그 참됨을 증명하기에는 충분하지 않고, 단지 우리의 주의를 그쪽으로 이끌어 경험의 증명 없이도 그 참됨을 인식하게 만든다는 뜻이다.

또 하나 매우 중요한 점에서, 경험론자들의 주장이 합리론자들보다 옳았다. 경험의 도움 없이 존재를 알 수 있는 것은 아무것도 없다. 다시 말해, 우리가 직접 경험하지 않은 어떤 것이 존재함을 증명하려면, 전제들 가운데 반드시 우리가 직접 경험한 한 가지 이상의 존재가 포함되어야 한다.

예를 들어, 중국 황제가 존재한다는 우리의 믿음은 증언에 근거하며, 증언은 궁극적으로는 글을 읽거나 말을 들을 때 얻게 되는 시각적 또는 청각적 감각자료로 이루어진다. 합리론자들은, 무엇이 필연적으로 존재해야 하는지에 관한 일반적 고찰로부터 실제 세계에서 이것이나 저것의 존재를 이끌어낼 수 있다고 믿었으나, 이러한 믿음은 잘못된 것으로 보인다.

우리가 존재에 관해 선험적으로 얻을 수 있는 모든 지식은 가설적인 것에 불과하다. 즉, 한 사물이 존재한다면 다른 사물도 반드시 존재해야 한다거나, 더 일반적으로 말해, 한 진술이 참이라면 다른 진술도 참이어야 한다는 식의 지식이다.

이는 우리가 이미 다룬 원리들 — 예를 들어 '이것이 참이고, 이것이 저것을 함의한다면, 저것도 참이다' 또는 '이것과 저것이 반복적으로 함께 나타난다면, 앞으로 이것들 중 하나가 나타나는 다음 경우에도 아마 함께 나타날 것이다' — 에서 잘 드러난다. 따라서 선험적 원리의 범위와 효력은 엄격히 제한된다.

어떤 것이 존재한다는 모든 지식은 부분적으로라도 경험에 의존할 수밖에 없다. 어떤 것을 직접 알게 될 때, 그 존재는 오직 경험을 통해서만 알려진다. 직접 알지 못하는 어떤 것의 존재를 증명하려면, 그 증명에는 반드시 경험과 선험적 원리가 모두 필요하다.

지식이 전적으로 또는 부분적으로 경험에 근거할 때 우리는 그것을 '경험적'이라고 부른다. 따라서 존재를 단정하는 모든 지식은 경험적이며, 존재에 관한 유일한 선험적 지식은 가설적인 것으로, 이미 존재하거나 존재할 수 있는 것들 사이의 연관성을 제시할 뿐, 실제 존재를 제시하지는 않는다.

선험적 지식이 모두 지금까지 우리가 살펴본 것처럼 논리적인 성격을 갖는 것은 아니다. 비논리적 선험적 지식의 가장 중요한 예는 아마도 윤리적 가치에 관한 지식일 것이다. 여기서 말하는 것은 유용성이나 덕성에 대한 판단이 아니다. 그러한 판단은 경험적 전제를 필요로 한다. 내가 말하는 것은 사물의 내재적 바람직함에 대한 판단이다.

어떤 것이 유용하다면, 그것은 반드시 어떤 목적을 달성해 주기 때문이며, 그 목적은 충분히 거슬러 올라가 보면, 단지 다른 목적을 위한 수단이기 때문이 아니라, 그 자체로 가치가 있어야 한다. 따라서 무엇이 유용한지에 관한 모든 판단은, 그 자체로 가치가 있는 것이 무엇인지에 관한 판단에 의존한다.

예를 들어, 우리는 행복이 불행보다, 지식이 무지보다, 선의가 증오보다 더 바람직하다고 판단한다. 이러한 판단은 적어도 일부는 직접적이며 선험적이어야 한다. 앞서 다룬 선험적 판단들과 마찬가지로, 이런 판단도 경험에 의해 이끌어질 수 있으며, 실제로 반드시 그렇게 된다. 왜냐하면 어떤 것이 내재적으로 가치 있는지 여부를 판단하려면, 그와 같은 종류의 것을 경험해 보지 않고는 불가능해 보이기 때문이다. 그러나 이러한 판단은 경험으로 증명될 수 없다는 점은 분명하다. 어떤 것이 존재하거나 존재하지 않는다는 사실만으로, 그것이 존재하는 것이 좋거나 나쁘다는 결론을 이끌어낼 수는 없기 때문이다.

이 주제의 탐구는 윤리학의 영역에 속하며, 거기서는 '무엇이 그러한가'라는 사실로부터 '무엇이 그러해야 하는가'를 도출하는 것이 불가능함을 입증해야 한다.

여기서 중요한 점은, 무엇이 내재적으로 가치 있는가에 대한 지식은 논리학이 선험적인 것과 같은 의미에서 선험적이라는 사실이다. 즉, 이러한 지식의 진리는 경험으로 증명할 수도 반박할 수도 없다는 의미에서 선험적이라는 것이다.

순수 수학은 논리학과 마찬가지로 모두 선험적이다. 그러나 경험철학자들은 이를 강하게 부정하며, 산술에 관한 우리의 지식도 지리에 관한 지식과 마찬가지로 경험에서 비롯된다고 주장했다. 그들은, 두 개의 사물과 또 다른 두 개의 사물을 보았을 때 모두 합쳐 네 개가 된다는 사실을 반복적으로 경험함으로써, 두 개와 두 개를 합하면 언제나 네 개가 된다는 결론에 귀납적으로 이르게 된다고 보았다. 그러나 만약 우리가 '2 더하기 2는 4'라는 사실을 아는 근거가 정말로 이런 경험이라면, 우리는 그 참됨을 확신하는 과정에서 실제와는 전혀 다른 방식으로 추론하게 될 것이다.

실제로, '둘'을 동전 두 개, 책 두 권, 사람 두 명, 혹은 그 밖의 어떤 특정한 종류의 둘이 아니라, 추상적인 개념으로 떠올리게 되기까지는 몇 가지 구체적인 사례가 필요하다. 그러나 일단 생각에서 불필요한 구체성을 걷어내게 되면, 우리는 '둘과 둘은 넷'이라는 일반 원리를 보게 된다. 그때부터는 하나의 사례만으로도 전형적임이 드러나므로 다른 사례들은 살펴볼 필요가 없어지는 것이다.**

같은 현상은 기하학에서도 나타난다. 모든 삼각형의 어떤 성질을 증명하려고 할 때, 우리는 하나의 삼각형을 그려 그것을 가지고 논증한다. 그러나 그 삼각형만의 특수한 성질은 사용하지 않음으로써, 그 구체적 사례로부터 일반적인 결론을 얻는다.

실제로 '2 더하기 2는 4'라는 명제에 대한 우리의 확신은 새로운 사례가 더해진다고 해서 커지지 않는다. 왜냐하면 일단 이 명제가 참임을 깨달으면, 그 확신은 더 커질 수 없을 만큼 커지기 때문이다. 게다가 우리는 '2 더하기 2는 4'라는 명제에서, 가장 확실하게 입증된 경험적 일반화에서도 찾아볼 수 없는 어떤 필연성을 느낀다.

이러한 일반화는 언제나 단순한 사실에 머문다. 실제 세계에서는 참일지라도, 다른 어떤 세계에서는 거짓일 수도 있다고 느낀다. 반면, '2 더하기 2는 4'라는 명제는 가능한 어떤 세계에서도 참일 것이라고 느낀다. 이것은 단순한 사실이 아니라, 실제적이든 가능적이든 모든 것이 반드시 따를 수밖에 없는 필연성이다.

이 점은 '모든 인간은 죽는다'와 같이 진정한 경험적 일반화를

** A. N. 화이트헤드, 《수학 입문》 참조.

생각해 보면 더 명확해진다. 우리가 이 명제를 믿는 이유는, 첫째로는 일정한 나이를 넘어 살아 있는 사람이 알려진 바 없고, 둘째로는 인간의 몸과 같은 유기체는 결국 소모되어 기능을 멈출 수밖에 없다는 생리학적 근거가 있어 보이기 때문이다.

두 번째 이유를 제쳐 두고, 인간의 죽음에 관한 경험만을 고려해 보면, 우리는 사람이 죽는 한 가지 명확한 사례만으로는 만족하지 않을 것이다. 반면, '2 더하기 2는 4'의 경우에는, 한 가지 사례만을 신중히 살펴보아도 다른 모든 경우에도 반드시 동일한 결과가 나온다고 확신하게 된다. 또한 곰곰이 생각해 보면, '모든 인간은 죽는다'는 명제에는 아무리 미미하더라도 의심의 여지가 있을 수 있음을 인정하지 않을 수 없다.

이 점은 두 가지 다른 세계를 상상해 보면 분명해진다. 하나는 죽지 않는 인간이 존재하는 세계이고, 다른 하나는 2 더하기 2가 5가 되는 세계이다. 스위프트Swift가 결코 죽지 않는 스트룰드버그 족Struldbugs을 생각해 보라고 할 때, 우리는 상상 속에서 이를 받아들일 수 있다. 그러나 2 더하기 2가 5가 되는 세계는 전혀 다른 차원처럼 보인다. 그런 세계가 실제로 있다면, 우리의 지식 체계 전체를 무너뜨리고 우리를 완전한 의심 속으로 몰아넣을 것이라고 느끼게 된다.

사실, '2 더하기 2는 4'와 같은 단순한 수학 판단이나 많은 논리 판단에서는, 몇 가지 사례가 일반 명제가 무엇을 의미하는지 분명히 해 주는 데 필요할 수는 있어도, 사례로부터 그 일반 명제를 추론하지 않고도 알 수 있다. 이 때문에 연역 과정 — 일반에서 일반으로, 또는 일반에서 특수로 나아가는 과정 — 은 귀납 과정 — 특수에서 특수로, 또는 특수에서 일반으로 나아가는 과정 — 과 마찬가지로 실제적인 유용성을 지닌다.

철학자들 사이에서는 연역이 새로운 지식을 줄 수 있는지 여부를 두고 오래전부터 논쟁이 있었다. 그런데 적어도 어떤 경우에는 실제로 새로운 지식을 준다는 것을 알 수 있다. 우리가 이미 '2 더하기 2는 언제나 4'라는 것을 알고 있고, 브라운과 존스가 둘이며 로빈슨과 스미스도 둘이라는 것을 안다면, 우리는 브라운과 존스, 로빈슨과 스미스가 모두 넷이라는 결론을 연역할 수 있다. 이것은 전제 속에 포함되어 있지 않은 새로운 지식이다. 왜냐하면 '2 더하기 2는 4'라는 일반 명제는 브라운과 존스, 로빈슨과 스미스라는 사람들이 존재한다는 사실을 말해주지 않으며, 구체적인 전제들 역시 이들이 모두 넷이라는 사실을 알려주지 않지만, 연역된 개별 명제는 이 두 가지 사실을 모두 알려주기 때문이다.

그러나 논리학 책에서 흔히 제시되는 대표적인 연역의 예, 즉 '모든 인간은 죽는다. 소크라테스는 인간이다. 그러므로 소크라테스는 죽는다'의 경우에는, 그 지식의 새로움이 훨씬 덜 확실하다. 이 경우 우리가 의심의 여지없이 실제로 아는 것은, 특정한 인간 A, B, C가 죽었다는 사실뿐이다. 왜냐하면 그들이 실제로 죽었기 때문이다.

소크라테스가 귀납의 근거로 삼은 사람들 가운데 한 명이라면, '모든 인간은 죽는다'라는 일반 명제를 거쳐 소크라테스가 아마도 죽을 것이라는 결론에 이르는 것은 불필요하게 돌아가는 길이다. 소크라테스가 그 근거가 된 사람들 A, B, C 중 한 명이 아니라 해도, '모든 인간은 죽는다'라는 일반 명제를 거치는 것보다 A, B, C에서 곧바로 소크라테스로 추론하는 편이 더 낫다.

우리의 자료에 비추어 볼 때, 소크라테스가 죽을 것이라는 개연성은 '모든 인간은 죽는다'라는 명제가 참일 개연성보다 더 크기 때문이다. (이것은 자명하다. 왜냐하면 '모든 인간은 죽는다'가 참이라면 소크라테스도 죽지만, 소크라테스가 죽는다고 해서 모든 인간이 죽는다고 결론지을 수는 없기 때문이다.) 따라서 '모든 인간은 죽는다'를 거쳐 연역하는 것보다, 순수하게 귀납적인 논증을 통해 소크라테스가 죽는다는 결론에 이르는 편이 더 높은 확실성에 접근할 수 있다.

이는 '2 더하기 2는 4'와 같은 선험적으로 아는 일반 명제와,

'모든 인간은 죽는다'와 같은 경험적 일반화 사이의 차이를 잘 보여준다. 전자의 경우에는 연역이 올바른 논증 방식이지만, 후자의 경우에는 이론적으로 언제나 귀납이 더 바람직하며, 결론의 진실성에 대해 더 큰 확신을 보장한다. 그 이유는 모든 경험적 일반화가 그것을 구성하는 개별 사례들보다 더 불확실하기 때문이다.

 이로써 우리는 선험적으로 아는 명제들이 존재하며, 그 안에는 논리와 순수 수학의 명제들뿐 아니라 윤리학의 근본 명제들도 포함된다는 것을 살펴보았다. 이제 다음으로 다루어야 할 질문은 이것이다. 어떻게 이러한 지식이 가능할 수 있는가? 특히, 모든 사례를 조사하지 않았고, 그 수가 무한하기 때문에 결코 전부 조사할 수 없는 경우에도, 어떻게 일반 명제에 대한 지식이 가능할 수 있는가? 이러한 물음은 독일 철학자 칸트(Kant, 1724~1804)에 의해 처음으로 본격적으로 제기되었으며, 매우 어렵고 역사적으로도 중요한 문제다.

제8장 선험적 지식은 어떻게 가능한가
HOW A PRIORI KNOWLEDGE IS POSSIBLE

임마누엘 칸트Immanuel Kant는 일반적으로 근대 철학자들 가운데 가장 위대한 인물로 평가된다. 그는 7년 전쟁과 프랑스 혁명을 모두 겪었지만, 동프로이센의 쾨니히스베르크에서 철학 강의를 한 번도 중단하지 않았다.

그의 가장 독창적인 공헌은 그가 '비판 철학'이라 부른 사상의 창안이었다. 이 철학은 다양한 종류의 지식이 존재한다는 사실을 전제로, 이러한 지식이 어떻게 가능한지를 탐구하고, 그 대답으로부터 세계의 본성에 관한 많은 형이상학적 결론을 도출했다. 이러한 결론들이 타당한지는 의문의 여지가 있지만 칸트가 두 가지 점에서 확실히 공로를 세운 것은 부인할 수 없다.

첫째, 우리가 단순히 '분석적'이지 않은, 즉 그 반대를 상정하면 자기모순이 되는 것이 아닌 선험적 지식을 가지고 있다는 사실을 통찰했다는 점, 둘째, 인식론의 철학적 중요성을 분명히 드러낸 점이다.

칸트 이전에는, 선험적 지식이란 반드시 '분석적'이어야 한다는 것이 일반적 입장이었다. 이 말의 의미는 예를 들어 설명하는 것이 가장 분명하다.

내가 '대머리 남자는 남자다', '평면도형은 도형이다', '형편없는 시인은 시인이다'라고 말한다면, 나는 순전히 분석적 판단을 하고 있는 것이다. 여기서 말해지는 주어는 최소한 두 가지 성질을 가진 것으로 주어지고, 그중 하나를 골라 그것에 대해 단언하는 것이다.

위와 같은 명제들은 사소하며, 실제 생활에서는 결코 진술되지 않을 것이고, 억지 논리를 꾸미려는 웅변가가 입을 열기 위한 구실로나 쓰일 뿐이다.

이러한 판단이 '분석적'이라 불리는 이유는 술어가 단순히 주어를 분석함으로써 얻어지기 때문이다. 칸트 이전에는, 우리가 선험적으로 확실히 알 수 있는 모든 판단이 이런 유형이라고 여겨졌다. 즉, 그 모든 판단에서 술어는 진술의 대상이 되는 주어의 일부 속성일 뿐이라는 것이다.

만약 그렇다면, 선험적으로 알 수 있는 어떤 것을 부정하려 하면 곧바로 명백한 모순에 빠지게 된다. 예를 들어, '대머리 남자는 대머리가 아니다'라고 하면, 같은 사람에게 대머리라는 성질을 동시에 긍정하고 부정하는 셈이므로 자기모순이 된다. 따라서 칸트 이전의 철학자들에 따르면, 어떤 사물이 동시에 어떤 속성을 가질 수도 없고 가지지 않을 수도 없다는 모순율만으로도 모든 선험적 지식의 참됨을 입증할 수 있었다.

칸트에 앞선 흄(Hume, 1711~1776)은, 선험적 지식을 가능하게 하는 조건에 대한 통상적인 견해를 받아들이면서도, 이전에는 분석적이라고 여겨졌던 많은 경우 ― 특히 인과관계의 경우 ― 에서 그 연관성이 실제로는 종합적이라는 사실을 발견했다.

흄 이전에 적어도 합리론자들은, 충분한 지식을 갖기만 하면 원인으로부터 결과를 논리적으로 도출할 수 있다고 생각했다. 그러나 흄은 이것이 불가능하다고 주장했으며, 이는 오늘날 일반적으로도 옳다고 인정된다. 그리고 그는 이로부터 훨씬 더 의심스러운 명제, 즉 인과관계에 대해서는 선험적으로 알 수 있는 것이 전혀 없다는 결론을 이끌어냈다.

합리론 전통에서 교육을 받은 칸트는 흄의 회의주의에 크게 동요했고, 이에 대한 해답을 찾고자 했다. 그는 인과관계의 연관성뿐 아니라, 산술과 기하학의 모든 명제들이 '종합적', 즉 분석적이지 않다는 사실을 깨달았다. 이런 명제들에서는 주어를 아무리 분석해도 술어가 드러나지 않는다. 그의 대표적인 예는 '7 + 5 = 12'라는 명제였다. 그는 7과 5를 합해야 12가 된다는 점, 즉 12라는 개념은 7과 5 속에도, 심지어 그것들을 더한다는 개념 속에도 들어 있지 않다는 점을 지적했다. 이렇게 해서 그는 모든 순수 수학이 선험적이면서도 종합적이라는 결론에 이르렀고, 이 결론은 그가 해결을 시도한 새로운 문제를 제기하게 되었다.

칸트가 그의 철학의 서두에서 제기한 '순수 수학은 어떻게 가능한가?'라는 물음은 흥미롭고도 어려운 문제이며, 순전한 회의주의가 아닌 모든 철학은 이에 대해 어떤 식으로든 답해야 한다. 순수 경험론자들의 대답 — 즉 우리의 수학 지식이 개별 사례들로부터 귀납을 통해 얻어진다는 주장 — 은 이미 두 가지 이유로 불충분하다는 것을 살펴보았다.

첫째, 귀납 원리의 타당성 자체를 귀납으로는 증명할 수 없다는 점, 둘째, '2 더하기 2는 언제나 4'와 같은 수학의 일반 명제는 단 한 가지 사례를 고려하는 것만으로도 확실하게 알 수 있으며, 그것이 참으로 드러난 다른 사례들을 나열한다고 해서 더 확실해지지 않는다는 점이다. 따라서 수학의 일반 명제에 대한 우리의 지식(그리고 같은 논리가 논리학에도 적용된다)은, '모든 인간은 죽는다'와 같은 경험적 일반화에 대한 우리의 (단지 개연적인) 지식과는 다른 방식으로 설명되어야 한다.

이 문제는 그러한 지식이 일반적이라는 사실에서 비롯된다. 모든 경험은 개별적인데, 우리는 아직 경험해 보지 못한 개별 사물들에 대해서도 어떤 진리를 미리 알 수 있는 것처럼 보이기 때문이다. 그러나 논리와 산술이 그러한 사물들에도 적용된다는 점은 쉽게 의심하기 어렵다. 우리는 100년 후 런던의 거주자가 누구일지는 알지 못하지만, 그들 중 어떤 두 사람과 또 다른 두 사람을 합치면 네 사람이 된다는 사실은 알고 있다. 이렇게, 아직 경험하지 않은 사물에 대한 사실을 미리 아는 듯한 능력은 분명 놀라운 일이다.

칸트의 이 문제에 대한 해답은, 내 생각에는 타당하지 않지만, 흥미롭다. 다만 그것은 매우 어렵고, 철학자들에 따라 해석도 다르다. 그러므로 우리는 여기서 그 해답의 개요만을 간단히 제시할 수밖에 없으며, 그마저도 칸트 철학의 해설자들 가운데 많은 이들은 오해의 소지가 있다고 생각할 것이다.

칸트가 주장한 바에 따르면, 우리의 모든 경험에는 구분되어야 할 두 가지 요소가 있다. 하나는 대상(즉 우리가 '물리적 대상'이라고 부른 것)에서 비롯된 것이고, 다른 하나는 우리 자신의 본성에서 비롯된 것이다.

물질과 감각자료를 논의하면서 우리는, 물리적 대상이 그것과 연결된 감각자료와 다르며, 감각자료는 물리적 대상과 우리 자신 사이의 상호 작용에서 비롯된 것으로 보아야 한다는 점을 살펴본 바 있다. 여기까지는 칸트와 의견이 일치한다. 그러나 칸트의 독창성은, 우리 자신과 물리적 대상이 각각 얼마만큼 기여하는지를 구분하고 그 비중을 나누는 방식에 있다.

그는 감각이 제공하는 원초적인 재료—색, 단단함 등—는 대상에 기인한다고 보았고, 우리가 덧붙이는 것은 공간과 시간 속에서의 배열 그리고 감각자료들 사이의 모든 관계, 즉 비교나 인과 관계로 이해하거나 그 밖의 방식으로 파악되는 것들이라고 여겼다.

그가 이러한 견해를 지지하는 주된 이유는 우리가 공간과 시간, 인과성, 비교에 대해서는 선험적 지식을 갖고 있는 것처럼 보이지만, 실제 감각의 원초적 재료에 대해서는 그렇지 않기 때문이다. 그는 앞으로 경험하게 될 것들은 모두 우리의 선험적 지식에서 확인되는 성질들을 반드시 지닐 것이라고 말한다. 이러한 성질들은 우리의 본성에서 비롯된 것이기에, 우리 경험 속에 들어오는 것은 반드시 이 성질들을 부여받을 수밖에 없기 때문이다.

그는 물리적 대상을 '물자체'(物自體, thing in itself)라고 부르며, 그것은 본질적으로 인식할 수 없는 것으로 보았다. 우리가 알 수 있는 것은 경험 속에서 가지게 되는 대상, 즉 그가 '현상'(phenomenon)이라고 부른 것이다.

칸트가 말하는 '물자체'는 정의상 물리적 대상과 동일하다. 즉, 그것은 감각을 일으키는 원인이다. 그러나 그 정의에서 도출되는 성질에 있어서는 동일하지 않다. 칸트는(인과성에 관해서는 다소 일관성이 없었지만) 어떤 범주도 '물자체'에는 적용될 수 없다는 점을 알 수 있다고 보았기 때문이다.

현상은 우리와 물자체가 함께 만들어낸 결과물이므로, 우리로부터 비롯된 특성을 반드시 지니게 되며, 따라서 우리의 선험적 지식에 부합할 수밖에 없다. 그러므로 이러한 지식은 모든 실제적·가능한 경험에 대해서는 참이지만, 경험 바깥에까지 적용된다고 생각해서는 안 된다. 따라서 선험적 지식이 존재하더라도, 우리는 물자체나 실제적·가능한 경험의 대상이 아닌 것에 대해서는 아무것도 알 수 없다. 이런 방식으로 그는 합리론자들의 주장과 경험론자들의 논거를 조화시키려 했다.

칸트 철학에 대해 제기될 수 있는 사소한 비판들은 차치하더라도, 그의 방식으로 선험적 지식의 문제를 다루려는 모든 시도를 치명적으로 무너뜨릴 수 있는 주된 반론이 하나 있다. 우리가 설명해야 할 것은 사실이 언제나 논리와 산술에 부합해야 한다는 우리의 확신이다. 그러나 논리와 산술이 우리로부터 주어진 것이라고 말하는 것만으로는 이 확신을 설명할 수 없다. 우리의 본성 역시 존재하는 세계의 다른 모든 것과 마찬가지로 하나의 사실일 뿐이며, 그것이 항상 동일하게 유지될 것이라는 확실성은 있을 수 없다.

만약 칸트의 말이 옳다면, 내일이 되면 우리의 본성이 변하여 2 더하기 2가 5가 되는 상황이 벌어질 수도 있다. 이런 가능성은 그에게 전혀 떠오르지 않았던 듯하지만, 이는 그가 산술 명제에 대해 확립하고자 했던 확실성과 보편성을 완전히 무너뜨리는 것이다. 물론 형식적으로 볼 때, 이러한 가능성은 시간 자체가 현상에 대해 주체가 부여한 형식이라는 칸트의 견해와 양립할 수 없다. 이 견해에 따르면 우리의 '참된 자아'는 시간 속에 있지 않으며, '내일'이라는 것도 없다. 그러나 여전히 그는 현상의 시간적 순서가 현상 이면에 있는 어떤 것의 특성에 의해 결정된다고 가정해야 하며, 이것만으로도 우리의 논지를 뒷받침하는 데 충분하다.

더 나아가, 숙고해 보면 우리의 산술적 믿음에 어떤 진리가 있다면, 우리가 그것을 생각하든 하지 않든 똑같이 사물에 적용되어야 함이 분명하다. 물리적 대상 두 개와 또 다른 물리적 대상 두 개는, 비록 물리적 대상을 경험할 수 없다 하더라도, 반드시 물리적 대상 네 개가 되어야 한다. 이것은 우리가 '2 더하기 2는 4'라고 말할 때 의도하는 의미에 분명히 포함된다. 그 참됨은 '현상 두 개와 또 다른 현상 두 개가 현상 네 개가 된다'는 명제가 참인 것만큼이나 의심할 수 없다. 따라서 칸트의 해법은 그 확실성을 설명하는 데 실패할 뿐 아니라, 선험적 명제의 적용 범위를 부당하게 제한한다.

칸트가 주장한 특별한 학설을 떠나, 철학자들 사이에서는 선험적인 것을 어떤 의미에서든 정신적인 것으로, 외부 세계의 사실이라기보다는 우리가 사고해야 하는 방식과 관련된 것으로 보는 경향이 흔하다.

앞 장에서 우리는 흔히 '사고의 법칙'이라 불리는 세 가지 원칙을 언급한 바 있다. 이러한 명칭이 생겨난 데에는 그럴듯한 이유가 있지만, 그것이 잘못되었다고 생각할 만한 강력한 이유들도 있다. 예를 들어 모순율을 생각해 보자. 이는 보통 '동시에 존재하고 존재하지 않을 수 있는 것은 없다'라는 형태로 진술되며, 이는 어떤 것이 주어진 성질을 동시에 가지고 또 가지지 않을 수는 없다는 사실을 표현하려는 것이다. 예컨대, 어떤 나무가 너도밤나무라면 동시에 너도밤나무가 아닐 수는 없으며, 내 탁자가 직사각형이라면 동시에 직사각형이 아닐 수는 없는 것과 같다.

  이 원리를 사고의 법칙이라고 부르는 것이 자연스러워 보이는 이유는, 그것의 필연적 진리를 확신하게 되는 과정이 외적 관찰이 아니라 사고를 통해서이기 때문이다.

  우리가 어떤 나무가 너도밤나무임을 알았다면, 그것이 동시에 너도밤나무가 아님을 확인하기 위해 다시 볼 필요는 없다. 사고만으로도 그것이 불가능함을 알 수 있다. 그러나 모순율을 사고의 법칙이라고 결론짓는 것은 잘못이다.

  우리가 모순율을 믿는다고 할 때, '우리의 정신이 모순율을 반드시 믿도록 만들어졌다'는 것을 믿는 것이 아니다. 그러한 믿음은 심리학적 성찰의 후속 결과로서, 이미 모순율을 믿고 있다는 전제를 필요로 한다.

  모순율에 대한 믿음은 사고에 관한 것만이 아니라 사물에 관한 믿음이다. 이를테면, 우리가 어떤 나무가 너도밤나무라고 생각한다면 동시에 그것이 너도밤나무가 아니라고 생각할 수 없다는 믿음이 아니라, 그 나무가 실제로 너도밤나무라면 동시에 너도밤나무가 아닐 수는 없다는 믿음이다. 따라서 모순율은 사고에 관한 것이 아니라 사물에 관한 것이며, 우리가 모순율을 믿는다는 사실이 하나의 사고 행위이기는 하지만, 모순율 자체는 사고가 아니라 세계에 속한 사물들에 대한 사실이다.

만약 우리가 모순율을 믿을 때 그것이 사물들에 대해 참이 아니라고 한다면, 우리가 그것을 참이라 믿도록 강제당한다고 해도 모순율이 참이 되는 것은 아니다. 이는 곧 모순율이 사고의 법칙이 아니라는 것을 보여준다.

이와 유사한 논증은 다른 모든 선험적 판단에도 적용된다. 우리가 '2 더하기 2는 4'라고 판단할 때, 우리의 생각에 관한 판단을 하는 것이 아니라, 모든 실제적이거나 가능한 두 쌍에 관한 판단을 하고 있는 것이다.

우리의 정신이 '2 더하기 2는 4'라고 믿도록 구성되어 있다는 사실은 참일지라도, 우리가 '2 더하기 2는 4'라고 말할 때 주장하는 바는 결코 그것이 아니다. 그리고 우리의 정신이 어떻게 구성되어 있는지에 관한 어떤 사실도 '2 더하기 2는 4'라는 명제를 참으로 만들 수는 없다. 따라서 우리의 선험적 지식이 잘못된 것이 아니라면, 그것은 단순히 정신의 구성에 관한 지식이 아니라, 정신적인 것이든 비정신적인 것이든 세계에 존재할 수 있는 모든 것에 적용되는 지식이다.

사실, 우리의 모든 선험적 지식은 정신적 세계든 물리적 세계든, 엄밀히 말해 존재한다고 할 수 없는 어떤 존재자들과 관련되어 있는 듯하다. 이러한 존재자들은 명사가 아닌 다른 품사로 이름 붙일 수 있는 것들, 즉 성질이나 관계와 같은 것들이다.

예를 들어 내가 방 안에 있다고 해 보자. 나와 내 방은 존재하지만, '안에(in)'라는 것이 존재하는가? 분명 '안에'라는 말에는 의미가 있다. 그것은 나와 내 방 사이에 성립하는 관계를 가리킨다. 이 관계는 분명 무언가이지만, 나와 내 방이 존재하는 것과 같은 의미에서 존재한다고 말할 수는 없다.

'안에(in)'라는 관계는 우리가 사고하고 이해할 수 있는 어떤 것이다. 만약 그것을 이해할 수 없다면, '나는 방 안에 있다'라는 문장도 이해할 수 없을 것이다.

칸트를 따르는 많은 철학자들은 관계가 정신의 산물이라고 주장해 왔다. 즉, 사물 자체에는 관계가 없으며, 정신이 그것들을 하나의 사고 행위 속에 결합시켜, 우리가 그 사물들이 가진다고 판단하는 관계를 만들어낸다는 것이다.

그러나 이러한 견해는 앞서 칸트에 대해 제기했던 것과 유사한 비판에 직면하는 듯하다. '나는 방 안에 있다'라는 명제의 참됨을 만들어내는 것은 사고가 아니라는 점은 분명해 보인다. 나도, 그 귀뚜라미도 그리고 그 누구도 이 사실을 인식하지 못하더라도, 귀뚜라미가 내 방 안에 있을 수 있다. 왜냐하면 이 진리는 오직 귀뚜라미와 방에만 관련된 것이며, 그 밖의 어떤 것에도 의존하지 않기 때문이다.

따라서, 다음 장에서 더 자세히 살펴보겠지만, 관계는 정신적이지도 물리적이지도 않은 세계에 속해야 한다. 이 세계는 철학, 특히 선험적 지식의 문제에서 매우 중요한 의미를 지닌다. 다음 장에서는 이 세계의 본성과, 우리가 지금까지 다루어 온 문제들에 그것이 어떻게 관련되는지를 살펴볼 것이다.

제9장 보편자의 세계
THE WORLD OF UNIVERSALS

앞 장의 끝에서 우리는, 관계와 같은 존재자들이 물리적 대상이나 정신이나 감각자료와도 다른 어떤 존재 방식을 지니는 듯하다는 점을 살펴보았다. 이번 장에서는 이러한 존재 방식의 본성이 무엇인지, 그리고 이러한 존재 방식을 지닌 대상에는 어떤 것들이 있는지를 살펴보아야 한다. 여기서는 먼저 두 번째 질문부터 다루겠다.

우리가 지금 다루고 있는 문제는 매우 오래된 것으로, 철학에 처음 도입한 사람은 플라톤이다. 플라톤의 '이데아론theory of ideas'은 바로 이 문제를 해결하려는 시도이며, 내 생각에는 지금까지 이루어진 시도들 가운데 가장 성공적인 것 중 하나다.

앞으로 전개할 이론은 기본적으로 플라톤의 견해를 따르되, 시대의 흐름 속에서 필요하다고 드러난 몇 가지 수정만을 가한 것이다.

플라톤에게 이 문제가 제기된 과정은 대략 다음과 같다. 예를 들어 정의라는 개념을 생각해 보자. '정의란 무엇인가?'라는 물음을 던졌을 때, 우리는 자연스럽게 이 정의로운 행위, 저 정의로운 행위, 또 다른 정의로운 행위를 살펴보며, 그것들이 공통적으로 지니는 것이 무엇인지 찾으려 한다. 그것들은 모두 어떤 의미에서 공통된 본성을 지니고 있어야 하며, 이 본성은 정의로운 모든 것 속에 존재하고 그 밖의 어떤 것에도 존재하지 않는다. 그리고 이 공통된 본성, 즉 그것들이 모두 정의롭도록 하는 것이 바로 정의 그 자체이며, 이것이 순수한 본질이다.

이 본질이 일상생활의 구체적 사실들과 결합함으로써 다양한 정의로운 행위가 생겨나는 것이다. '백색'과 같이, 일상적 사실들에 두루 적용될 수 있는 다른 단어들에 대해서도 마찬가지 방식이 적용된다.

그 단어가 여러 개별 사물에 적용될 수 있는 이유는, 그것들이 모두 공통된 본성이나 본질을 공유하기 때문이다. 이 순수한 본질이 플라톤이 '이데아'(idea) 또는 '형상'(form)이라 부른 것이다. (여기서 말하는 '이데아'가 정신 속에 존재한다고 생각해서는 안 된다. 다만 정신에 의해 인식될 수는 있다.) '정의'라는 이데아는 어떤 개별적인 정의로운 것과도 동일하지 않다. 그것은 개별 사물과는 다른 어떤 것이며, 개별 사물들이 그것에 참여하는 것이다. 이데아는 개별적인 것이 아니므로 감각의 세계 속에 존재할 수 없다. 게다가 감각적 사물처럼 덧없거나 변하는 것이 아니라, 영원히 동일하며 불변하고 파괴될 수 없는 것이다.

이렇게 해서 플라톤은 감각의 세계보다 더 실재적인, 변하지 않는 이데아의 세계, 즉 초감각적 세계로 나아가게 된다. 이 세계만이 감각의 세계에, 그나마 현실성의 희미한 그림자라도 부여한다.

플라톤에게 진정으로 실재하는 세계는 이데아의 세계이며, 우리가 감각의 세계의 사물들에 대해 무언가를 말하려고 할 때, 우리가 할 수 있는 것은 그것들이 어떤 이데아에 참여하고 있다는 사실을 말하는 것일 뿐이다. 그러므로 이데아가 사물의 모든 성격을 구성한다.

이로부터 신비주의로 넘어가는 것은 쉽다. 우리는 신비로운 깨달음 속에서, 마치 감각적 사물을 보듯 이데아를 볼 수 있기를 기대할 수도 있고, 이데아가 하늘에 존재한다고 상상할 수도 있다. 이러한 신비주의적 전개는 매우 자연스럽지만, 이 이론의 기초는 논리에 있으며, 우리는 이 이론을 논리에 근거한 것으로서 검토해야 한다.

'이데아'라는 단어는 시간이 흐르면서 플라톤의 '이데아'에 적용하면 전혀 맞지 않는 여러 연상을 얻게 되었다. 따라서 우리는 플라톤이 의도한 것을 설명하기 위해 '이데아' 대신 '보편자(普遍者, universal)'라는 말을 쓰겠다.
　플라톤이 말한 존재 유형의 본질은, 그것이 감각을 통해 주어지는 개별 사물에 대립된다는 점이다. 우리는 감각을 통해 주어지거나, 감각을 통해 주어지는 사물과 같은 성질을 지닌 것을 모두 '개별자(個別者, particular)'라 부른다. 이에 대립하여, 보편자는 많은 개별자가 공유할 수 있으며, 앞서 살펴본 것처럼 정의와 백색이 정의로운 행위와 백색 사물과 구별되는 특성을 지닌 모든 것을 뜻한다.
　일상적인 단어들을 살펴보면, 대체로 고유명사는 개별자를 가리키고, 그 밖의 보통명사·형용사·전치사·동사는 보편자를 가리킨다는 것을 알 수 있다. 대명사는 개별자를 가리키지만 모호하다. 그것이 어떤 개별자를 가리키는지는 오직 문맥이나 상황을 통해서만 알 수 있다. '지금(now)'이라는 단어는 개별자를 가리키는데, 이는 곧 현재의 순간이다. 그러나 대명사와 마찬가지로, 그것이 가리키는 개별자는 모호하다. 왜냐하면 현재는 항상 변하기 때문이다.
　어떤 문장도 최소한 하나의 보편자를 가리키는 단어 없이 구성될 수 없다는 것을 알 수 있다. 가장 보편자를 쓰지 않는 것처럼 보이는 문장은 "나는 이것을 좋아한다" 정도일 것이다. 그러나 여기서도 '좋아한다(like)'라는 단어는 보편자를 가리킨다. 왜냐하면 나는 다른 것들도 좋아할 수 있고, 다른 사람들도 무언가를 좋아할 수 있기 때문이다. 따라서 모든 진리에는 보편자가 포함되며, 진리에 대한 모든 지식은 보편자와의 직접적인 접촉을 전제로 한다.

사전에 나오는 거의 모든 단어가 보편자를 가리킨다는 사실을 고려하면, 철학을 공부하는 사람들 말고는 보편자라는 존재가 있다는 것을 깨닫는 사람이 거의 없다는 점은 놀랍다. 우리는 문장에서 개별자를 가리키지 않는 단어들에 대해서는 보통 깊이 생각하지 않는다. 또 보편자를 가리키는 단어를 곰곰이 생각하게 되더라도, 우리는 자연스럽게 그것을 그 보편자에 속하는 개별자 가운데 하나를 가리키는 것으로 여기기 쉽다.

예를 들어 '찰스 1세의 머리가 잘렸다'라는 문장을 들으면, 우리는 보통 찰스 1세, 찰스 1세의 머리, 그리고 그의 머리를 자르는 행위처럼 모두 개별자인 것들을 자연스럽게 떠올린다. 그러나 '머리'나 '자르다'처럼 보편자를 가리키는 단어가 무엇을 의미하는지는 평소에 깊이 생각하지 않는다.

이런 단어들은 불완전하고 실체가 없는 것처럼 느껴지며, 어떤 일을 하기 위해서는 문맥이 필요해 보인다. 그래서 우리는 철학 공부가 그것들을 주목하게 만들 때까지, 보편자 그 자체에 대해서는 거의 의식하지 못한 채 지나치게 된다.

철학자들 사이에서도, 대체로 형용사나 보통명사로 표현되는 보편자들만이 비교적 자주 인정받아 왔으며, 동사와 전치사로 표현되는 보편자들은 대개 간과되어 왔다고 말할 수 있다. 이러한 누락은 철학에 매우 큰 영향을 끼쳤으며, 스피노자 이후 대부분의 형이상학이 상당 부분 이로 인해 규정되었다고 해도 과언이 아니다. 그 과정은 대략 다음과 같다.

일반적으로 형용사와 보통명사는 단일 사물의 성질이나 속성을 표현하는 반면, 전치사와 동사는 두 개 이상의 사물 사이의 관계를 표현하는 경향이 있다.

이처럼 전치사와 동사를 간과한 결과, 모든 명제는 둘 이상의 사물 사이의 관계를 표현하는 것이 아니라, 단일 사물에 어떤 성질을 귀속시키는 것으로 볼 수 있다는 믿음이 생겨났다. 따라서 궁극적으로는 사물들 사이의 관계라는 존재자는 있을 수 없다고 여겨졌다.

그 결과, 우주에는 오직 하나의 사물만 존재하거나, 만약 여러 사물이 존재한다면 그들 사이에는 어떠한 상호작용도 일어날 수 없다고 생각하게 되었는데, 왜냐하면 모든 상호작용은 관계가 되며, 관계가 불가능하다고 보았기 때문이다.

 이 가운데 첫 번째 입장은 스피노자가 주장했고, 현대에도 브래들리와 많은 철학자들이 지지하는 것으로, '일원론'(monism)이라 불린다. 두 번째 입장은 라이프니츠가 주장했으나 오늘날에는 그다지 흔하지 않으며, 각각의 고립된 사물을 '모나드monad'라고 부르기 때문에 '모나드론'(monadism)이라 한다. 흥미롭긴 하지만, 이 서로 다른 두 철학은 모두 형용사와 보통명사로 표현되는 보편자에만 지나치게 주목하고, 동사와 전치사로 표현되는 보편자를 소홀히 한 결과라고 나는 생각한다.

 사실, 누군가 보편자라는 것이 전혀 존재하지 않는다고 주장하려 한다면, 우리는 형용사와 보통명사로 표현되는 보편자, 즉 성질과 같은 존재자들의 실재성은 엄밀히 증명할 수 없지만, 동사와 전치사로 표현되는 보편자, 즉 관계의 존재는 반드시 증명할 수 있다는 점을 발견하게 될 것이다.

 예를 들어 보편자 '백색(白色)'을 생각해 보자. 우리가 백색이라는 보편자가 존재한다고 믿는다면, 사물이 하얀 것은 그것이 백색이라는 성질을 가지고 있기 때문이라고 말할 것이다. 그러나 이러한 견해는 버클리와 흄이 강하게 부정했으며, 이후 경험론자들이 이를 이어받았다.

 이들이 취한 부정의 형태는 '추상적 관념'이라는 것이 존재하지 않는다고 하는 것이었다. 즉, 우리가 백색을 생각하려고 할 때, 실제로는 어떤 특정한 흰 물체의 심상(心像)을 형성하고, 그 개별자를 대상으로 다른 모든 흰 물체에도 똑같이 적용될 수 있는 결론만을 도출하도록 주의하며 추론한다는 것이다. 실제 정신 작용에 대한 설명으로서 이는 상당 부분 사실일 것이다.

예를 들어 기하학에서 모든 삼각형에 대해 어떤 것을 증명하려 할 때, 우리는 하나의 특정한 삼각형을 그려 그것을 대상으로 추론하되, 다른 삼각형에는 없는 특성을 사용하지 않도록 주의한다. 초보자는 오류를 피하기 위해, 서로 가능한 한 다른 여러 삼각형을 그려보면서 자신의 추론이 모두에 똑같이 적용되는지 확인하는 것이 도움이 되기도 한다. 그러나 우리가 어떤 것이 백색인지, 또는 삼각형인지 어떻게 아는지를 자문하기 시작하면 곧바로 어려움이 생긴다.

만약 우리가 '백색'이나 '삼각형'이라는 보편자를 피하려 한다면, 우리는 어떤 특정한 흰색 부분이나 특정한 삼각형을 하나 정해 놓고, 그것과 '적절한 종류의 유사성'을 지니면 흰색이거나 삼각형이라고 말해야 할 것이다. 그러나 이때 요구되는 유사성 자체가 보편자가 될 수밖에 없다. 흰 물체가 여러 개 있는 만큼, 그 유사성은 여러 쌍의 개별 흰 물체들 사이에 성립해야 하며, 이것이 바로 보편자의 특징이다.

각 쌍마다 서로 다른 유사성이 있다고 말하는 것도 소용이 없다. 그렇게 되면 이제 그 유사성들끼리도 서로 유사하다고 말해야 하며, 결국 우리는 '유사성' 자체를 하나의 보편자로 인정할 수밖에 없게 된다. 그러므로 '유사성'이라는 관계는 참된 보편자여야 한다. 그리고 일단 이 보편자를 인정하게 되면, 굳이 '백색'이나 '삼각형' 같은 보편자를 인정하지 않으려고 어렵고 설득력 없는 이론을 만들어낼 이유는 더 이상 없게 된다.

버클리와 흄이 '추상적 관념'의 부정을 반박할 수 있는 이 논점을 알아채지 못한 이유는, 그들 역시 그들의 반대자들처럼 성질만을 생각했을 뿐, 관계를 보편자로서 전혀 고려하지 않았기 때문이다. 따라서 이 점에서도, 경험론자들에 비해 합리론자들의 입장이 옳았던 것으로 보인다. 다만 관계를 소홀히 하거나 부정했기 때문에, 합리론자들이 내린 결론은 경험론자들의 결론보다 오히려 더 잘못될 가능성이 높았다.

이제 보편자라는 존재자가 반드시 있어야 한다는 것을 확인했으니, 다음으로 증명해야 할 점은 그 존재 방식이 단순히 정신적인 것이 아니라는 것이다. 이는 곧, 보편자가 가지는 존재는 그것이 사고되거나 어떤 방식으로든 정신에 의해 인식되는 것과는 무관하다는 뜻이다. 앞 장의 끝에서 이미 이 주제를 간략히 다룬 바 있지만, 이제 보편자가 지니는 존재 방식이 어떤 것인지 더 자세히 살펴보아야 한다.

 '에든버러는 런던의 북쪽에 있다'라는 명제를 생각해 보자. 여기에는 두 장소 사이의 관계가 있으며, 이 관계는 우리가 그것을 알고 있는지와 무관하게 성립한다는 점이 분명해 보인다. 우리가 에든버러가 런던의 북쪽에 있다는 사실을 알게 될 때, 우리는 단지 에든버러와 런던에만 관련된 어떤 것을 알게 되는 것이다. 우리가 그것을 알게 됨으로써 이 명제가 참이 되는 것이 아니라, 오히려 알기 전부터 존재했던 사실을 인식하는 것일 뿐이다. 에든버러가 위치한 지점은, 북쪽과 남쪽이라는 개념을 아는 인간이 전혀 없더라도, 그리고 우주에 정신이 전혀 존재하지 않더라도, 런던이 위치한 지점의 북쪽에 있었을 것이다.
 물론 이 점은 버클리의 이유나 칸트의 이유를 들어 부정하는 철학자들이 많다. 그러나 우리는 이미 그 이유들을 검토했고, 그것들이 충분하지 않다는 결론에 도달했다. 그러므로 이제 우리는 '에든버러가 런던의 북쪽에 있다'는 사실에는 정신적인 것이 전혀 전제되지 않는다고 가정할 수 있다.
 그런데 이 사실에는 '북쪽에 있다'라는 관계가 포함되어 있으며, 이것은 하나의 보편자다. 그리고 만약 이 관계가 정신적인 무엇을 전제한다면, 그 관계가 사실의 구성 요소인 이상, 그 전체 사실이 정신적인 것을 전제하지 않을 수 없을 것이다. 따라서 이 관계는 그것이 연결하는 대상들처럼 사고에 의존하지 않으며, 사고가 만들어내는 것이 아니라 사고가 인식하는 독립적인 세계에 속한다고 인정해야 한다.

그러나 이 결론에는 한 가지 어려움이 따른다. '북쪽에 있다'라는 관계는 에든버러나 런던이 존재하는 방식과는 같은 의미에서 존재하는 것처럼 보이지 않는다는 점이다. '이 관계는 어디에서, 언제 존재하는가?'라고 묻는다면, 대답은 '어디에도, 언제에도 존재하지 않는다'가 될 것이다.

'북쪽에 있다'라는 관계는 런던보다 에든버러에 더 존재한다고 말할 수 없으며, 두 도시를 연결하는 것이므로 양쪽에 대해 중립적이다. 또한 그것이 어떤 특정한 시점에 존재한다고 말할 수도 없다. 그런데 감각이나 내성을 통해 인식할 수 있는 모든 것은 반드시 어떤 특정한 시점에 존재한다. 따라서 '북쪽에 있다'라는 관계는 이런 것들과 본질적으로 다르다. 그것은 공간에도 시간에도 속하지 않으며, 물질적이지도 정신적이지도 않다. 그럼에도 불구하고, 그것은 분명히 무언가다.

보편자가 지니는 매우 특이한 존재 방식 때문에, 많은 사람들이 그것이 실제로는 정신적인 것이라고 생각하게 되었다. 우리는 보편자를 사고할 수 있고, 그 사고는 다른 어떤 정신 작용과 마찬가지로 전혀 평범한 의미에서 존재한다.

예를 들어 우리가 '백색'을 생각하고 있다고 하자. 그러면 어떤 의미에서는 백색이 '우리 정신 속에 있다'고 말할 수도 있다. 그러나 이는 4장에서 버클리를 논할 때 지적했던 것과 같은 모호함을 지닌다. 엄밀한 의미에서 우리 정신 속에 있는 것은 '백색' 그 자체가 아니라, 백색을 사고하는 행위이다.

앞서 지적했던 '이데아(idea)'라는 단어와 관련된 모호성도 여기서 혼란을 일으킨다. 이 단어가 사고 행위의 '대상'을 가리키는 의미에서는, 백색은 '이데아'다. 따라서 이 모호성을 주의 깊게 구분하지 않으면, 우리는 백색이 '이데아'의 다른 의미, 즉 사고 행위 자체라고 생각하게 될 수 있으며, 그 결과 백색이 정신적인 것이라고 여기게 된다. 그러나 이렇게 생각하면, 우리는 백색이 가진 본질적인 성격인 '보편성'을 빼앗아 버리게 된다.

한 사람의 사고 행위는 반드시 다른 사람의 사고 행위와 다르며, 같은 사람이라도 한때의 사고 행위는 다른 때의 사고 행위와 반드시 다르다. 따라서 백색이 사고의 '대상'이 아니라 '사고 행위' 그 자체라면, 두 사람이 동시에 백색을 생각할 수 없고, 한 사람도 두 번 이상 백색을 생각할 수 없게 된다. 백색에 대한 여러 번의 사고가 공통으로 가지는 것은 그 '대상'이며, 이 대상은 각각의 사고 행위와는 구별된다. 그러므로 보편자는 사고 행위가 아니지만, 그것이 인식될 때 사고의 대상이 된다.

　우리는 어떤 것이 '시간 속에 있을 때', 즉 그것이 존재하는 특정한 시점을 가리킬 수 있을 때만 그것이 '존재한다'고 말하는 것이 편리할 것이다(물론 모든 시점에 존재할 가능성을 배제하지 않는다). 이런 의미에서 사고와 감정, 정신과 물리적 대상은 존재한다. 그러나 보편자는 이런 의미에서 존재하지 않는다.

　우리는 보편자가 '존속한다'거나 '존재 양식'을 갖는다고 말할 것이며, 여기서 '존재 양식(being)^{***}'은 '존재(existence)'와 대립하며, 시간에 구속되지 않는 의미를 가진다. 따라서 보편자의 세계는 '존재 양식의 세계'라고도 할 수 있다. 존재 양식의 세계는 불변하고, 엄정하며, 정확하다. 그래서 수학자, 논리학자, 형이상학 체계의 건축자 그리고 삶보다 완전성을 사랑하는 모든 이에게 매혹적이다.

　존재의 세계는 덧없고 모호하며, 뚜렷한 경계나 분명한 계획·구성을 지니지 않는다. 그러나 그 안에는 모든 사고와 감정, 모든 감각자료, 모든 물리적 대상, 선이나 악을 행할 수 있는 모든 것, 그리고 삶과 세계의 가치에 어떤 식으로든 영향을 미치는 모든 것이 포함된다.

　우리는 성향에 따라 이 두 세계 가운데 하나를 더 선호하게

*** 시간과 무관한 존재를 뜻한다.

된다. 선호하지 않는 세계는, 선호하는 세계의 희미한 그림자에 불과하며, 어떤 의미에서든 실재라고 부를 가치가 없어 보일 수도 있다. 그러나 진실은 두 세계 모두 공정한 주의를 기울일 자격이 있으며, 둘 다 실재하고, 형이상학자에게 똑같이 중요하다는 것이다. 사실, 일단 우리가 이 두 세계를 구분하자마자, 곧 그 관계를 살펴보아야 할 필요가 생긴다.

 하지만 먼저, 우리가 보편자에 대해 가진 지식을 살펴보아야 한다. 이에 대한 논의가 다음 장의 주제가 될 것이며, 거기서 우리는 보편자에 대한 고찰이 처음 우리를 보편자의 문제로 이끌었던 선험적 지식의 문제를 해결해 준다는 사실을 발견하게 될 것이다.

제10장 보편자에 대한 우리의 지식
ON OUR KNOWLEDGE OF UNIVERSALS

한 사람이 특정 시점에 가지고 있는 지식을 기준으로 할 때, 보편자도 개별자와 마찬가지로, 직접 접촉으로 아는 것, 오직 기술(記述)로만 아는 것 그리고 접촉이나 기술 어느 쪽으로도 알지 못하는 것으로 구분할 수 있다.

먼저, 접촉을 통한 보편자에 대한 지식을 살펴보자. 우선, 흰색, 빨강, 검정, 단맛, 신맛, 큰 소리, 단단함 등, 즉 감각자료 속에 구현된 성질과 같은 보편자들과 우리는 분명히 접촉하고 있다. 예를 들어 흰색의 한 부분을 볼 때, 우리는 처음에는 그 개별 부분과 접촉하게 된다. 그러나 여러 개의 흰색 부분을 보다 보면, 그들이 모두 공통으로 지니는 '흰색'을 쉽게 추상해 내게 되고, 이렇게 추상하는 법을 배우는 과정에서 우리는 '흰색' 자체와 접촉하는 법을 배우게 된다.

비슷한 과정을 거치면 이와 같은 유형의 다른 어떤 보편자와도 접촉할 수 있다. 이러한 유형의 보편자를 '감각적 성질'이라 부를 수 있다. 이들은 다른 어떤 보편자보다도 추상의 노력이 덜 필요하며, 다른 보편자들보다 개별자와의 거리가 덜 멀게 느껴진다.

  다음으로 관계를 살펴보자. 관계 중 가장 쉽게 파악할 수 있는 것은, 하나의 복합적 감각자료의 서로 다른 부분들 사이에 성립하는 관계다. 예를 들어, 나는 지금 내가 글을 쓰고 있는 이 페이지 전체를 한눈에 볼 수 있다. 이렇게 페이지 전체가 하나의 감각자료에 포함된다. 그런데 나는 페이지의 어떤 부분은 다른 부분의 왼쪽에 있고, 또 어떤 부분은 다른 부분의 위쪽에 있다는 것을 인식한다. 이 경우 추상의 과정은 대략 다음과 같이 진행되는 듯하다.

  나는 한 부분이 다른 부분의 왼쪽에 있는 여러 감각자료를 차례로 보게 되고, 흰색의 여러 부분을 볼 때와 마찬가지로, 이 모든 감각자료가 공통으로 지니는 어떤 것이 있음을 인식한다. 그리고 추상을 통해, 그것들이 공통으로 지니는 것이 바로 각 부분들 사이의 특정한 관계, 즉 내가 '왼쪽에 있음'이라고 부르는 관계임을 알게 된다. 이런 방식으로 나는 그 보편적 관계와 접촉하게 된다.

마찬가지 방식으로 나는 시간 속에서의 '이전과 이후'라는 관계를 인식하게 된다. 예를 들어 종이 울리는 소리를 들을 때, 맨 마지막 종이 울렸을 때 나는 앞서 울린 종소리 전체를 마음속에 떠올릴 수 있고, 앞선 종소리가 뒤따른 종소리보다 먼저 울렸음을 인식할 수 있다. 또한 기억 속에서도, 내가 기억하는 사건이 현재보다 앞서 있었다는 것을 인식한다.

이러한 경우들에서, 나는 '왼쪽에 있음'이라는 관계를 추상했던 것과 마찬가지로 '이전과 이후'라는 보편적 관계를 추상할 수 있다. 따라서 시간적 관계도 공간적 관계와 마찬가지로, 우리가 직접 접촉하고 있는 관계에 속한다.

거의 같은 방식으로 우리가 알게 되는 또 다른 관계는 '유사성'이다. 예를 들어 나는 두 가지 초록색 음영을 동시에 보면서, 그들이 서로 닮았다는 것을 알 수 있다. 또 동시에 하나의 빨간색 음영을 본다면, 두 초록색이 서로 간에 갖는 유사성이 각각이 빨간색과 갖는 유사성보다 더 크다는 것을 알 수 있다. 이런 과정을 통해 나는 '닮음' 또는 '유사성'이라는 보편적 관계를 알게 된다.

보편자들 사이에도, 개별자들 사이에서처럼, 우리가 직접 인식할 수 있는 관계가 있다. 우리는 방금, 두 초록색 음영 사이의 유사성이 빨간색과 초록색 사이의 유사성보다 크다는 것을 지각할 수 있다는 점을 살펴보았다. 여기서 다루는 것은 두 관계 사이의 관계, 즉 '~보다 크다'라는 관계이다. 이러한 관계에 대한 우리의 인식은, 비록 감각자료의 성질을 지각하는 데 필요한 것보다 더 큰 추상 능력을 요구하지만, 그 즉각성이나 (적어도 어떤 경우에는) 확실성 면에서 동일하다고 볼 수 있다. 따라서 보편자에 관해서도, 감각자료에 관해서와 마찬가지로, 즉각적인 인식이 존재한다.

이제 보편자에 대한 논의를 시작하면서 미뤄 두었던 '선험적 지식'의 문제로 돌아가 보자. 우리는 앞서보다 훨씬 만족스러운 방식으로 이 문제를 다룰 수 있는 위치에 와 있다.

'2 더하기 2는 4'라는 명제를 다시 생각해 보면, 지금까지 살펴본 바에 비추어 볼 때, 이 명제는 보편자 '2'와 보편자 '4' 사이의 관계를 진술하고 있다는 것이 비교적 분명하다. 이는 다음과 같은 명제를 세울 수 있음을 시사한다. 곧, '모든 선험적 지식은 오직 보편자들 사이의 관계만을 다룬다'. 이 명제는 매우 중요한 의미를 지니며, 앞서 우리가 선험적 지식과 관련해 겪었던 여러 어려움을 해결하는 데 큰 도움을 준다.

겉보기에 내가 제시한 명제가 사실이 아닌 것처럼 보일 수 있는 경우가 있다. 그것은 선험적 명제가 한 부류의 모든 개별자가 다른 부류에 속한다고 진술하거나(혹은 같은 말이지만) 어떤 하나의 성질을 가진 모든 개별자가 또 다른 성질도 가진다고 진술하는 경우다. 이런 경우에는, 우리가 성질 자체가 아니라 그 성질을 가진 개별자들을 다루고 있는 것처럼 보일 수 있다. '2 더하기 2는 4'라는 명제도 실제로는 이러한 예에 해당한다. 이 명제는 '임의의 둘과 또 다른 둘을 합하면 넷이 된다' 또는 '2가 두 개 모이면 그것은 4의 집합이다'라고 표현할 수 있다. 만약 우리가 이러한 진술들 역시 실제로는 보편자만을 다루고 있음을 보여줄 수 있다면, 우리의 명제는 입증되었다고 볼 수 있다.

어떤 명제가 무엇을 다루는지 알아내는 한 가지 방법은, 그 명제가 무슨 뜻인지 이해하기 위해 우리가 반드시 이해해야 하는 단어들 — 다시 말해, 우리가 반드시 알고 있어야 하는 대상들이 무엇인지 — 를 자문해 보는 것이다. 그 명제가 참인지 거짓인지는 아직 알 수 없더라도, 그 뜻을 파악하는 순간 우리는 그 명제가 실제로 다루는 대상들과 반드시 접해 있어야 함이 분명해진다.

이 기준을 적용해 보면, 언뜻 보기에는 개별적인 것들을 다루는 것처럼 보이는 많은 명제들이 사실은 오직 보편자들만을 다루고 있음을 알 수 있다. '둘과 둘을 합하면 넷이 된다'라는 특별한 경우를 보자. 이를 '두 개씩의 집합을 합쳐서 만든 어떤 집합도 네 개로 이루어진 집합이다'라는 뜻으로 해석하더라도, 우리는 '집합'과 '2'와 '4'가 무엇을 뜻하는지 알기만 하면 그 명제가 무엇을 주장하는지, 즉 그 명제가 말하고 있는 바를 이해할 수 있음이 분명하다.

  세상의 모든 한 쌍을 알 필요는 전혀 없다. 만약 그것이 필요하다면, 세상에 있는 한 쌍들이 무한히 많으므로, 우리는 결코 그 명제를 이해할 수 없을 것이다. 따라서 우리의 일반 명제가 특정한 한 쌍들에 관한 명제들을 함의하긴 하지만, 그러한 특정한 한 쌍들이 존재한다는 사실만 알면 충분하며, 그 명제 자체가 실제의 특정한 한 쌍에 대해 어떤 진술을 하거나 이를 전제하는 것은 아니다. 이 명제가 다루는 것은 '한 쌍'이라는 보편자이지, 이 한 쌍이나 저 한 쌍이 아니다.

  따라서 '둘과 둘을 합하면 넷이 된다'는 명제는 오직 보편 개념만을 다루며, 그 명제가 주장하는 관계를 인식할 수 있고 관련된 보편 개념에 익숙한 사람이라면 누구나 이를 알 수 있다. 우리의 지식을 되돌아보면, 우리는 때때로 이러한 보편 개념들 사이의 관계를 인식할 수 있는 능력을 가지고 있으며, 따라서 산술이나 논리의 명제와 같이 일반적인 선험적 명제를 때때로 알 수 있다는 사실을 발견하게 된다.

  이전에 이러한 지식을 생각했을 때 신비롭게 보였던 점은, 그것이 경험을 앞서 예견하고 지배하는 듯 보였다는 것이다. 그러나 이제 우리는 그것이 잘못된 생각이었음을 알 수 있다. 경험할 수 있는 어떤 것에 관한 사실도 경험과 무관하게 알 수는 없다. 우리는 선험적으로 '두 개와 또 다른 두 개를 합하면 네 개가 된다'는 것은 알지만, 브라운과 존스가 둘이고, 로빈슨과 스미스가 둘일 때, 브라운과 존스, 로빈슨과 스미스를 합하면 넷이 된다는 것을 선험적으로 아는 것은 아니다.

그 이유는 브라운, 존스, 로빈슨, 스미스라는 사람이 실제로 존재한다는 것을 알지 못하면 이 명제를 전혀 이해할 수 없기 때문이다. 그리고 이 사실은 오직 경험을 통해서만 알 수 있다. 따라서 일반 명제는 선험적이지만, 그것을 실제 개별 사례에 적용하는 모든 경우에는 경험이 필요하므로 필연적으로 경험적 요소를 포함하게 된다. 이렇게 해서, 우리 선험적 지식에서 신비롭게 보였던 점이 실제로는 잘못된 전제에 근거한 것임이 드러난다.

이 점을 더 분명히 하기 위해, 참된 선험적 판단과 '모든 인간은 죽는다'와 같은 경험적 일반화를 비교해 보자. 여기에서도 이전과 마찬가지로, 명제에 포함된 보편자, 즉 '인간'과 '죽는 존재'의 의미를 이해하기만 하면 이 명제가 무슨 뜻인지 알 수 있다.

명제의 의미를 이해하기 위해 인류 전체를 개별적으로 알아야 할 필요는 명백히 없다. 따라서 선험적 일반 명제와 경험적 일반화의 차이는 명제의 의미에서 나오는 것이 아니라, 그것을 뒷받침하는 증거의 성격에서 나온다. 경험적인 경우에는 증거가 개별 사례들로 이루어진다.

우리가 모든 인간이 죽는다고 믿는 것은, 수없이 많은 사람들이 죽는 사례를 알고 있고, 일정한 나이를 넘어 산 사례가 없기 때문이다. 이것은 '인간'이라는 보편자와 '죽는 존재'라는 보편자 사이의 연관성을 보기 때문에 믿는 것이 아니다. 물론 생리학이, 살아 있는 유기체를 지배하는 일반 법칙을 전제로 하여, 어떤 유기체도 영원히 살 수 없음을 증명할 수 있다면, 이는 인간과 죽음 사이에 연관성을 제공하여, 사람들이 죽는다는 개별 사례에 의존하지 않고도 이 명제를 주장할 수 있게 해줄 것이다. 그러나 이것은 단지 우리의 일반화가 더 폭넓은 일반화에 포함된다는 뜻일 뿐이며, 그 더 넓은 일반화 역시 근거는 동일한 성격을 지니되, 다만 더 광범위할 뿐이다.

과학의 발전은 끊임없이 이러한 포섭을 만들어 내며, 그 결과 과학적 일반화를 뒷받침하는 귀납적 근거는 점점 더 넓어진다. 그러나 이렇게 해서 더 높은 확실성을 얻을 수는 있어도, 확실성의 성격 자체가 달라지는 것은 아니다. 궁극적인 근거는 여전히 귀납적, 즉 사례에서 도출된 것이며, 논리학과 산술에서와 같이 보편자들 사이의 선험적 연관에서 나온 것은 아니다.

선험적 일반 명제에 대해서는 서로 반대되는 두 가지 점을 주목해야 한다.

첫째, 많은 개별 사례를 알고 있다면, 일반 명제는 처음에는 귀납을 통해 도출되고, 보편자 사이의 연관은 그 뒤에야 인식될 수 있다. 예를 들어, 삼각형의 각 꼭짓점에서 반대편 변에 수선(垂線)을 내리면 세 수선이 한 점에서 만난다는 사실이 있다. 이러한 명제는 처음에 실제로 여러 경우에 수선을 그려 보고, 항상 한 점에서 만난다는 결과를 확인함으로써 발견될 수 있다. 이러한 경험은 일반적인 증명을 찾도록 이끌 수 있고, 실제로 그렇게 하여 증명을 발견하게 된다. 이러한 경우는 모든 수학자의 경험에서 흔히 볼 수 있다.

다른 한 가지 점은 더 흥미롭고 철학적으로도 더 중요한데, 어떤 일반 명제를 단 한 가지 사례도 모르는 경우에도 알 수 있다는 것이다. 다음과 같은 경우를 생각해 보자.

우리는 임의의 두 수를 서로 곱하면, '곱'이라고 불리는 세 번째 수가 나온다는 것을 안다. 곱이 100보다 작은 모든 정수 쌍은 실제로 곱셈을 통해 계산되었고, 그 값이 구구단표에 기록되어 있다는 것도 안다. 그러나 정수의 개수는 무한하고, 인간이 실제로 생각해 본 정수 쌍의 수는 유한하다는 것도 알고 있다.

따라서 인간이 지금까지 한 번도 생각해 본 적이 없고 앞으로도 결코 생각하지 않을 정수 쌍들이 존재하며, 이 모든 쌍의 곱은 100을 넘는다는 결론이 나온다. 그래서 우리는 다음과 같은 명제에 도달한다. '인간이 한 번도 생각해 본 적이 없고 앞으로도 결코 생각하지 않을 두 정수의 모든 곱은 100을 넘는다.' 이 명제는 그 참이 부정될 수 없지만, 사안의 성격상 우리는 그에 대한 구체적 사례를 결코 제시할 수 없다. 우리가 어떤 두 수를 예로 드는 순간, 그것들은 이미 인간이 생각한 수가 되어 이 명제의 조건에서 벗어나기 때문이다.

이처럼 어떤 사례도 제시할 수 없는 일반 명제를 알 수 있다는 가능성은 종종 부정된다. 이는 그러한 명제를 알기 위해서는 해당 보편자들의 개별 사례를 아는 것이 아니라, 단지 보편자들 사이의 관계를 아는 것만으로 충분하다는 점을 이해하지 못하기 때문이다. 그러나 이러한 일반 명제에 대한 지식은 일반적으로 알려진 바의 상당 부분에서 필수적이다.

예를 들어, 앞 장들에서 살펴본 바와 같이, 감각자료와는 달리 물리적 대상에 대한 지식은 추론을 통해서만 얻어지며, 물리적 대상은 우리가 직접 알고 있는 것이 아니다.

그러므로 우리는 '이것은 물리적 대상이다'라는 형식의 명제를 결코 알 수 없다. 여기서 '이것'이란 우리가 직접적으로 알고 있는 어떤 것을 뜻한다. 따라서 물리적 대상에 관한 우리의 모든 지식은 실제 사례를 전혀 제시할 수 없는 형태를 띤다.

우리는 이에 수반되는 감각자료의 사례를 제시할 수는 있지만, 실제 물리적 대상의 사례는 제시할 수 없다. 그러므로 물리적 대상에 관한 우리의 지식은, 어떤 사례도 제시할 수 없는 일반 지식이 가능하다는 사실에 전적으로 의존한다. 그리고 이는 다른 사람들의 정신이나, 우리가 직접적으로 알고 있지 않은 다른 모든 부류의 사물에 관한 지식에도 똑같이 적용된다.

이제까지의 분석을 바탕으로 지식의 원천을 개관해 보자. 우리는 먼저 사물에 대한 지식과 진리에 대한 지식을 구분해야 한다. 각각에는 하나는 직접적이고, 다른 하나는 파생적인 두 가지 형태가 있다. 사물에 대한 우리의 직접적인 지식, 즉 우리가 '직접 인식(acquaintance)'이라 부른 것은, 그 대상이 개별자인지 보편자인지에 따라 두 부류로 나뉜다. 개별자 가운데 우리는 감각자료에 대한 직접 인식과 (아마도) 자기 자신에 대한 직접 인식을 가지고 있다.

보편자 가운데서는 어떤 것이 직접 인식될 수 있는지 결정할 원칙이 뚜렷하지 않지만, 감각적 성질, 공간과 시간의 관계, 유사성 그리고 일부 추상적인 논리적 보편자는 직접 인식될 수 있음이 분명하다. 사물에 대한 우리의 파생적 지식, 즉 '기술에 의한 지식'은 항상 어떤 것에 대한 직접 인식과 진리에 대한 지식을 함께 수반한다.

진리에 대한 우리의 직접적 지식은 '직관적 지식'이라 부를 수 있으며, 이렇게 알려지는 진리는 '자명한 진리'라 부를 수 있다. 이러한 진리에는 감각에 주어진 것을 단순히 진술하는 경우뿐 아니라, 일부 추상적 논리 원리와 산술 원리 그리고 (다소 불확실하나) 몇몇 윤리 명제들도 포함된다. 진리에 대한 우리의 파생적 지식은 자명한 원리와 자명한 진리로부터, 자명한 추론 원리를 사용해 도출할 수 있는 모든 것을 포함한다.

위의 설명이 옳다면, 진리에 대한 우리의 모든 지식은 직관적 지식에 의존한다. 따라서 앞서 사물에 대한 '직접 인식'의 성격과 범위를 살펴본 것과 마찬가지로, 이제는 직관적 지식의 성격과 범위를 살펴보는 것이 중요하다. 그러나 진리에 대한 지식에는 사물에 대한 지식에서는 나타나지 않는 또 하나의 문제가 있다. 그것은 바로 '오류'의 문제다. 우리의 신념 가운데 일부는 잘못된 것으로 드러나며, 따라서 우리가 지식을 오류와 어떻게, 또 과연 구별할 수 있는지를 살펴볼 필요가 생긴다.

이 문제는 직접 인식에 대해서는 발생하지 않는다. 꿈이나 환각 속에서조차, 직접 인식의 대상이 무엇이든 간에, 그 즉각적인 대상을 넘어서지만 않는다면 오류가 개입될 여지는 없다. 오류는 오직 그 즉각적인 대상, 즉 감각자료를 어떤 물리적 대상의 표지로 간주할 때만 생긴다. 따라서 진리에 대한 지식과 관련된 문제는 사물에 대한 지식과 관련된 문제보다 더 어렵다. 이제 진리에 대한 지식과 관련된 문제 가운데 첫 번째로, 우리의 직관적 판단의 성격과 범위를 살펴보자.

제11장 직관적 지식에 대하여
ON INTUITIVE KNOWLEDGE

많은 사람들이 우리가 믿는 모든 것은 증명할 수 있어야 하며, 적어도 매우 그럴듯함을 보여줄 수 있어야 한다고 생각한다. 이유를 제시할 수 없는 믿음은 불합리한 믿음이라고 여겨지는 것이다. 대체로 이러한 견해는 옳다.

거의 모든 일반적인 믿음은 그 이유를 제공하는 것으로 간주될 수 있는 다른 믿음으로부터 추론되었거나 추론될 수 있다. 일반적으로 그 이유를 잊어버렸거나, 애초에 의식적으로 생각한 적조차 없는 경우가 많다.

예를 들어, 우리가 막 먹으려는 음식이 독이 아닐 것이라고 믿는 이유가 무엇인지 스스로 묻는 사람은 거의 없다. 그러나 누군가 이 믿음을 의심하며 근거를 묻는다면, 우리는 지금 당장 그 이유를 제시하지 못하더라도 충분히 설득력 있는 이유를 찾을 수 있다고 느낀다. 그리고 이러한 믿음은 대부분의 경우 정당하다.

그런데 집요한 소크라테스 같은 사람을 상상해 보자. 우리가 어떤 이유를 제시하더라도 그는 그 이유에 대한 또 다른 이유를 계속 요구한다. 결국 우리는, 그리고 아마도 그리 오래 가지 않아, 더는 어떤 이유도 제시할 수 없는 지점에 이르게 되고, 이때는 이론적으로조차 더 이상의 이유를 찾을 수 없다는 것이 거의 확실해진다. 이렇게 일상의 보편적 믿음에서 출발해 한 걸음씩 물러나다 보면, 우리는 환히 드러나 자명하게 보이는 어떤 일반 원리나 그 원리의 한 사례에 이르게 되며, 그것은 더욱 더 분명한 무엇으로부터 도출될 수 없는 것이다.

일상생활의 대부분의 문제들, 예컨대 우리가 먹는 음식이 영양가 있고 독이 없을지를 따지는 문제에서는 제6장에서 논의했던 귀납의 원리로 되돌아갈 수밖에 없다. 그러나 그 이상으로 거슬러 올라갈 수 있는 길은 없어 보인다.

귀납의 원리는 우리의 추론 속에서 끊임없이 사용되며, 때로는 의식적으로, 때로는 무의식적으로 쓰인다. 그러나 더 단순하고 자명한 어떤 원리로부터 출발해 귀납의 원리에 도달하는 추론은 존재하지 않는다. 다른 논리 원리들의 경우도 마찬가지다. 우리는 그것들의 진리를 자명하게 받아들이며, 그것들을 사용해 논증을 구성한다. 그러나 그 원리들 자체, 적어도 그중 일부는, 논증에 의해 입증될 수 없는 것이다.

그러나 자명성이란, 증명 불가능한 일반 원리들에만 국한되지 않는다. 일정한 수의 논리 원리들이 받아들여지면 나머지는 그것들로부터 연역될 수 있다. 하지만 그렇게 연역된 명제들 역시 증명 없이 전제로 삼았던 원리들만큼 자명한 경우가 많다. 더구나 모든 산술은 논리의 일반 원리들로부터 연역될 수 있지만, '2 더하기 2는 4'와 같은 단순한 산술 명제들은 논리 원리들만큼이나 자명하다.

또한 (비록 더 논란의 여지는 있지만) '우리는 선한 것을 추구해야 한다'와 같은 몇몇 윤리적 원리도 자명한 것으로 보인다. 모든 일반 원리의 경우, 익숙한 사물에 관한 개별 사례가 일반 원리 자체보다 더 명확하다는 점을 유념해야 한다.

예를 들어, 모순율은 어떤 것이 동시에 어떤 성질을 가지면서 가지지 않을 수는 없다고 말한다. 이 원리는 한 번 이해하면 분명하지만, 우리가 보고 있는 특정한 장미가 동시에 붉고 붉지 않을 수 없다는 사실만큼 분명하지는 않다. (물론 장미의 일부는 붉고 일부는 붉지 않을 수 있으며, 혹은 장미가 우리가 이를 붉다고 불러야 할지 말아야 할지 애매한 분홍빛일 수도 있다. 그러나 전자의 경우 장미 전체가 붉지 않음은 분명하며, 후자의 경우 '붉다'의 정확한 정의를 내리면 답은 이론적으로 명확해진다.)

우리는 대개 개별 사례를 통해서야 비로소 일반 원리를 볼 수 있게 된다. 추상적 개념을 다루는 데 익숙한 사람만이 사례의 도움 없이도 일반 원리를 쉽게 파악할 수 있다.

일반 원리 외에 자명한 진리의 또 다른 유형은 감각에서 직접 얻어지는 진리이다. 이러한 진리를 '지각의 진리'라 부르고, 이를 표현하는 판단을 '지각 판단'이라고 부르겠다. 그러나 여기서 자명한 진리의 정확한 성격을 파악하려면 어느 정도 주의가 필요하다. 실제의 감각자료 자체는 참도 거짓도 아니다.

예를 들어 내가 보고 있는 특정한 색의 얼룩은 단순히 존재할 뿐이며, 그것 자체가 참이거나 거짓일 수 있는 성질의 것은 아니다. 다만 그러한 얼룩이 존재한다는 것, 그것이 일정한 모양과 밝기를 지닌다는 것 그리고 그것이 다른 특정한 색들에 둘러싸여 있다는 것은 참이라고 할 수 있다. 그러나 그 얼룩 자체는, 감각 세계의 다른 모든 것과 마찬가지로, 참이나 거짓을 가릴 수 있는 것들과는 본질적으로 전혀 다른 종류에 속하므로, 엄밀히 말해 참이라고 할 수 없다. 따라서 감각을 통해 얻을 수 있는 모든 자명한 진리는, 그것이 얻어지는 감각자료와는 반드시 다른 성질의 것이어야 한다.

지각에 관한 자명한 진리에는 두 가지 유형이 있는 듯하다. 다만 궁극적으로는 이 두 유형이 하나로 합쳐질 수도 있다.

첫째 유형은 감각자료의 존재를 전혀 분석하지 않고 단순히 진술하는 경우이다. 예를 들어 우리는 어떤 빨간색 얼룩을 보고 '이러한 빨간색 얼룩이 있다'라고 판단하거나, 더 엄밀하게는 '저것이 있다'라고 판단한다. 이것이 지각에 관한 직관적 판단의 한 유형이다.

둘째 유형은 감각 대상이 복합적일 때, 거기에 일정한 분석을 가하는 경우이다. 예를 들어 둥근 빨간색 얼룩을 볼 때, 우리는 '저 빨간색 얼룩은 둥글다'라고 판단할 수 있다.

이것 역시 지각에 관한 판단이지만 앞서 말한 유형과는 다르다. 이번 경우에는 하나의 감각자료 안에 색과 형태가 함께 존재한다. 색은 빨강이고 형태는 둥글다. 우리의 판단은 이 자료를 색과 형태로 분석한 뒤, 그 빨간색이 둥근 형태를 하고 있다고 다시 결합하여 진술한다.

이와 같은 판단의 또 다른 예로는 '이것은 저것의 오른쪽에 있다'가 있다. 여기서 '이것'과 '저것'은 동시에 보이는 것이며, 이러한 판단에서는 감각자료 속에 서로 어떤 관계를 가진 구성요소들이 들어 있고, 판단은 바로 그 구성요소들이 그 관계를 가진다고 진술한다.

감각에 관한 판단과 유사하지만 전혀 다른 직관적 판단의 또 다른 부류는 기억에 관한 판단이다. 기억의 본질에 대해서는 혼동의 여지가 있는데, 이는 어떤 대상을 기억할 때 그 대상의 심상이 함께 떠오르기 쉽지만, 그 심상 자체가 기억을 구성하는 것은 아니기 때문이다. 이 점은 심상이 현재에 존재하는 반면, 기억되는 것은 과거에 있었던 것으로 인식된다는 사실만 보아도 쉽게 알 수 있다.

  더욱이 우리는 어느 정도 기억 속 심상과 실제 기억 대상을 비교할 수 있으며, 그 결과 심상이 어느 정도까지 정확한지 대략 파악할 수 있다. 그러나 이러한 비교는 심상과는 구별되는 실제 대상이 어떤 방식으로든 의식 앞에 놓이지 않는다면 불가능하다. 따라서 기억의 본질은 심상에 있는 것이 아니라, 과거로 인식되는 대상을 직접 의식 앞에 두는 데 있다.

  이러한 의미에서의 기억이 없다면 과거라는 것이 존재했음을 전혀 알 수 없을 것이며, 태어날 때부터 시각을 잃은 사람이 '빛'이라는 말을 이해할 수 없는 것처럼 '과거'라는 말도 이해할 수 없을 것이다. 그러므로 기억에 관한 직관적 판단이 반드시 존재해야 하며, 궁극적으로는 이 판단에 우리의 모든 과거 지식이 의존하게 된다.

  그러나 기억의 경우에는 곤란한 점이 따른다. 기억은 흔히 오류를 범하는 것으로 잘 알려져 있어, 직관적 판단 전반의 신뢰성에 의문을 던지기 때문이다. 이 문제는 결코 가벼운 것이 아니다. 그러나 우선 그 범위를 가능한 한 좁혀 보자. 대체로 기억은 경험의 생생함과 그것이 일어난 시간적 근접성에 비례하여 신뢰할 수 있다.

예를 들어, 바로 옆집이 불과 30초 전에 번개를 맞았다면, 내가 보고 들은 것에 대한 기억은 너무도 확실하여 번개가 번쩍였는지 여부를 의심하는 것은 터무니없을 것이다. 그리고 이는 덜 생생한 경험에도 해당되며, 그것이 최근의 일이라면 마찬가지다. 나는 30초 전에도 지금 내가 앉아 있는 바로 이 의자에 앉아 있었다는 사실을 절대적으로 확신한다.

하루 동안을 거꾸로 되짚어 보면, 어떤 일들은 전혀 의심 없이 확신할 수 있지만, 다른 일들은 거의 확신할 수 있는 정도이고, 또 다른 일들은 관련된 상황을 떠올리거나 곰곰이 생각해 보면 확신할 수 있으며, 전혀 확신할 수 없는 일들도 있다.

오늘 아침 식사를 했다는 사실은 확실히 기억하지만, 만약 철학자답게 아침 식사에 무심했다면 그것조차도 의심스러웠을 것이다. 아침 식사 때 나눈 대화에 대해서는, 일부는 쉽게 떠올릴 수 있고, 일부는 노력해야 떠오르며, 일부는 상당한 의심을 동반해서만 기억되고, 어떤 것은 전혀 기억나지 않는다. 이렇듯 내가 기억하는 것의 자명성에는 연속적인 단계가 있으며, 그에 상응하여 기억의 신뢰성에도 연속적인 차이가 존재한다.

따라서 잘못된 기억이라는 어려움에 대한 첫 번째 해답은, 기억에는 자명성의 정도가 있으며, 그 정도가 기억의 신뢰성과 대응한다는 것이다. 그리고 최근의 생생한 사건에 대한 기억에서는 자명성과 신뢰성이 모두 완전한 수준에 이른다.

하지만 전혀 사실이 아닌 기억을 매우 확고하게 믿는 경우도 있는 듯하다. 이런 경우, 정신 속에 직접 떠오르는 '실제로 기억하는' 것은 잘못 믿는 내용이 아니라, 그것과 일반적으로 연관된 다른 무엇일 가능성이 크다.

예를 들어, 조지 4세는 자신이 워털루 전투에 참전했다고 오랫동안 말하다 보니 마침내 그것을 믿게 되었다고 전해진다. 이 경우, 그가 직접 기억한 것은 자신이 그 말을 반복해서 했던 사실이며, 만약 그가 그 말의 내용을 믿게 되었다면, 그것은 기억된 발언과 연합작용에 의해 형성된 것이므로 진정한 의미의 기억이라고 볼 수 없다.

아마도 잘못된 기억 사례는 모두 이런 식으로 설명할 수 있을 것이며, 즉 엄밀한 의미에서의 기억에 해당하지 않는 경우로 볼 수 있다.

자명성에 관한 한 가지 중요한 점은 기억의 사례를 통해 분명해진다. 자명성은 단순히 있거나 없는 성질이 아니라, 정도의 차이를 가진 성질이라는 것이다. 그것은 절대적 확실성에서부터 거의 알아차릴 수 없을 만큼 희미한 단계에 이르기까지 크고 작은 층위를 따라 존재할 수 있다. 지각의 진리들과 논리의 몇몇 원리들은 가장 높은 수준의 자명성을 지니며, 직접적인 기억의 진리들도 거의 그에 버금가는 수준의 자명성을 지닌다.

　귀납의 원리는 '참인 전제로부터 따라 나오는 것은 반드시 참이다'와 같은 다른 논리 원리들에 비해 자명성이 덜하다. 기억은 멀어지고 희미해질수록 자명성이 줄어든다. 논리와 수학의 진리들은 대체로 복잡해질수록 자명성이 줄어든다. 내재적 윤리적 가치나 미적 가치에 관한 판단들은 어느 정도의 자명성을 지니는 경우가 있지만, 그리 크지는 않다.

　자명성의 정도는 인식론에서 중요한 의미를 지닌다. 명제가 참이 아닐 가능성이 있음에도 불구하고 일정한 정도의 자명성을 가질 수 있다면, 자명성과 진리 사이의 모든 연관성을 포기할 필요는 없다. 다만 서로 충돌하는 경우에는, 더 높은 자명성을 가진 명제를 유지하고, 더 낮은 자명성을 가진 명제를 버리면 된다고 말하면 된다.

　그러나 위에서 설명한 '자명성'에는 사실 두 가지 서로 다른 개념이 결합되어 있을 가능성이 매우 크다. 하나는 자명성의 가장 높은 정도에 해당하며, 실제로 진리를 절대적으로 보장해주는 개념이고, 다른 하나는 나머지 모든 정도에 해당하며 절대적인 보장은 하지 못하고 단지 어느 정도의 개연성만을 제공하는 개념이다. 그러나 이것은 아직 더 발전시킬 수 없는 하나의 제안일 뿐이다. 우리는 진리의 본질을 다룬 뒤, 지식과 오류의 구별과 관련하여 자명성의 문제로 돌아올 것이다.

제12장 진리와 거짓
TRUTH AND FALSEHOOD

사물에 대한 지식과는 달리, 진리에 대한 지식에는 반대 개념, 즉 오류가 존재한다. 사물에 관해서는, 그것을 알거나 알지 못할 수는 있지만, 최소한 우리가 지식을 직접 접촉에 의해서만 한정할 경우에는 '잘못된 사물 지식'이라 부를 만한 적극적인 심리 상태는 없다. 우리가 직접 알고 있는 것은 반드시 '무언가'이기 때문이다.

우리가 알고 있는 것에서 잘못된 추론을 끌어낼 수는 있지만, 그 직접적 접촉 자체가 우리를 속일 수는 없다. 따라서 직접적 접촉에 대해서는 '이원성'이 존재하지 않는다. 그러나 진리에 대한 지식에서는 이원성이 존재한다. 우리는 참된 것을 믿을 수도 있지만 거짓된 것을 믿을 수도 있다. 우리는 수많은 주제에서 서로 다른 사람들이 서로 양립할 수 없는 의견을 가지고 있다는 사실을 알고 있다. 그러므로 어떤 믿음들은 반드시 잘못되어 있을 수밖에 없다.

잘못된 믿음이 참된 믿음만큼이나 강하게 유지되는 경우가 많기 때문에, 이 둘을 어떻게 구분할 수 있는지는 매우 어려운 문제가 된다. 주어진 경우에서 우리의 믿음이 잘못된 것이 아님을 어떻게 알 수 있는가? 이는 극히 어려운 문제이며, 완전히 만족스러운 해답은 불가능하다. 그러나 이보다 다소 덜 어려운 예비적인 문제가 있다. 그것은 '진리'와 '거짓'이 무엇을 의미하는가 하는 것이다.

이번 장에서 다루려고 하는 것은 바로 이 예비 문제다. 여기서 우리가 묻는 것은 믿음이 참인지 거짓인지를 어떻게 아느냐가 아니라, 믿음이 참인지 거짓인지 묻는 것이 무엇을 의미하느냐이다.

이 질문에 대해 명확한 답을 얻을 수 있다면, 어떤 믿음이 참인가 하는 문제에 대한 답도 얻을 수 있기를 기대할 수 있다. 그러나 지금 우리가 묻는 것은 오직 '진리란 무엇인가?', '거짓이란 무엇인가?'이지, '어떤 믿음이 참인가?', '어떤 믿음이 거짓인가?'가 아니다. 서로 다른 이 질문들은 반드시 완전히 구분해야 한다. 이 둘을 혼동하면 어느 쪽에도 제대로 적용되지 않는 답을 내놓게 되기 때문이다.

진리의 본질을 밝히려는 시도에서 주목해야 할 세 가지 요점, 즉 어떤 이론이든 충족해야만 하는 세 가지 조건이 있다.

1. 진리에 관한 우리의 이론은 반드시 그것의 반대인 '거짓'을 인정할 수 있어야 한다. 많은 철학자들이 이 조건을 충분히 충족시키지 못했다. 그들은 우리의 모든 사고가 마땅히 참이어야 한다는 식의 이론을 세운 뒤, 거짓이 끼어들 여지를 찾는 데 큰 어려움을 겪었다. 이 점에서 믿음에 관한 이론은 직접적 인식에 관한 이론과 달라야 한다. 직접적 인식의 경우에는 반대 개념을 고려할 필요가 없었기 때문이다.

2. 믿음이 존재하지 않는다면, 거짓뿐 아니라 진리도 — 거짓과 짝을 이루는 의미에서의 진리도 — 존재할 수 없다는 것은 비교적 분명해 보인다. 단지 물질만으로 이루어진 세계를 상상해 보면, 그런 세계에는 거짓이 끼어들 여지가 없을 것이다. 그 속에는 '사실(facts)'이라고 부를 수 있는 것은 있겠지만, 진리와 거짓이 같은 종류의 것으로서 존재하는 의미에서의 진리는 없을 것이다. 결국 진리와 거짓은 믿음이나 진술에 귀속되는 성질이다. 그러므로 믿음이나 진술이 전혀 없는 순수한 물질의 세계에는 진리도 거짓도 존재하지 않는다.

3. 그러나 앞서 말한 것과는 달리, 믿음이 참인지 거짓인지는 언제나 그 믿음 자체의 바깥에 있는 어떤 것에 달려 있다는 점을 유의해야 한다. 예를 들어 내가 찰스 1세가 단두대에서 사망했다고 믿는다면, 그것이 참인 이유는 내 믿음 속에서 내재적으로 발견할 수 있는 어떤 성질 때문이 아니라, 2세기 반 전에 실제로 일어난 역사적 사건 때문일 것이다. 반대로 찰스 1세가 침대에서 사망했다고 믿는다면, 내 믿음이 아무리 생생하고, 그것에 도달하기 위해 아무리 신중을 기했더라도, 오래전에 실제로 일어난 사건 때문에 그 믿음은 거짓이 된다. 따라서 진리와 거짓은 믿음의 성질이기는 하지만, 믿음의 내적 성질이 아니라 그것이 다른 것들과 맺는 관계에 의존하는 성질이다.

위에서 든 세 번째 요건은, 진리가 믿음과 사실 사이의 어떤 형태의 '일치'에 있다고 보는 견해를 채택하게 한다. 이 견해는 대체로 철학자들 사이에서 가장 널리 받아들여져 왔다. 그러나 반박 불가능한 이의가 제기될 수 없는 '일치'의 구체적 형태를 찾아내는 일은 결코 쉽지 않다.

이런 이유와 더불어, 진리가 사고 바깥에 있는 어떤 것과의 일치에 있다면 사고는 결코 진리에 도달했는지 알 수 없을 것이라는 생각 때문에, 많은 철학자들이 믿음과 전적으로 별개의 것과의 관계로 진리를 정의하지 않으려 시도해 왔다.

이런 시도의 가장 중요한 예가 바로 '정합설'인데, 이 이론은 거짓의 표지는 우리의 믿음 체계 속에서의 정합성 결여이며, 참된 믿음의 본질은 '진리'라는 완전하고 온전한 체계의 일부를 이루는 데 있다고 말한다.

그러나 이 견해에는 큰 어려움이 있는데, 사실상 두 가지가 있다. 첫째, 오직 하나의 정합적인 믿음 체계만이 가능하다고 가정할 이유가 없다는 점이다.

충분한 상상력이 있다면, 어떤 소설가가 우리가 알고 있는 사실과 완벽하게 들어맞지만 실제 과거와는 전혀 다른 세계의 과거를 꾸며낼 수도 있을 것이다. 보다 과학적인 영역에서도, 어떤 주제에 대해 알려진 모든 사실을 설명할 수 있는 가설이 두 개 이상 존재하는 경우가 자주 있다. 과학자들은 이런 경우 모든 가설 중 하나만을 제외하고 나머지를 배제할 수 있는 사실을 찾으려 애쓰지만, 항상 성공하리라는 보장은 없다.

철학에서도 모든 사실을 설명할 수 있는 서로 경쟁하는 가설이 동시에 존재하는 경우가 드물지 않다.

예를 들어, 인생 전체가 하나의 긴 꿈이며 외부 세계는 꿈속 사물들이 갖는 정도의 현실성만을 지닌다고 가정할 수 있다. 그러나 이러한 견해는 알려진 사실들과 모순되지 않는 것처럼 보이더라도, 다른 사람과 사물이 실제로 존재한다는 상식적 견해보다 이를 선호해야 할 이유는 없다. 따라서 오직 하나의 정합적 체계만이 가능하다는 증거가 없으므로, 진리를 정합성으로 정의하려는 시도는 실패한다.

정합성으로 진리를 정의하려는 또 다른 반대 이유는 '정합성'의 의미가 이미 알려져 있다고 가정한다는 점이다. 그러나 실제로 '정합성'은 논리 법칙들의 진리를 전제로 한다. 두 명제가 모두 참일 수 있을 때 우리는 그것들이 정합적이라고 하고, 적어도 하나가 거짓일 수밖에 없을 때는 정합적이지 않다고 한다. 그런데 두 명제가 모두 참일 수 있는지를 알기 위해서는 모순율과 같은 진리를 이미 알고 있어야 한다.

예를 들어, '이 나무는 너도밤나무다'와 '이 나무는 너도밤나무가 아니다'라는 두 명제는 모순율 때문에 정합적이지 않다. 그러나 모순율 자체를 정합성의 기준에 따라 시험해 보려고 한다면, 만약 우리가 그것이 거짓이라고 가정한다면 그 순간부터는 어떤 것도 다른 것과 정합적이지 않을 이유가 없어지게 된다. 따라서 논리 법칙들은 정합성 검증이 적용되는 골격이나 틀을 제공하며, 이 법칙들 자체는 정합성 검증으로는 입증될 수 없다.

위의 두 가지 이유로, 정합성은 진리의 의미를 규정하는 것으로 받아들일 수 없다. 그러나 일정한 양의 진리가 이미 알려진 이후에는 정합성이 진리를 검증하는 데 있어 매우 중요한 기준이 되는 경우가 많다.

따라서 우리는 진리의 본질을 사실과의 부합으로 보는 입장으로 되돌아오게 된다. 이제 '사실'이 무엇을 의미하는지, 그리고 어떤 방식의 부합이 성립해야 믿음이 참이 되는지를 정확히 정의해야 한다.

앞서 제시한 세 가지 조건에 따르면, 우리는 다음과 같은 이론을 찾아야 한다.

1) 진리가 반대 개념인 거짓을 가질 수 있어야 하고, 2) 진리는 믿음의 속성이어야 하며, 3) 그 속성은 전적으로 믿음이 외부 사물과 맺는 관계에 의존해야 한다.

거짓을 인정해야 한다는 점 때문에, 믿음을 단일한 대상과 정신이 맺는 관계로 볼 수는 없다. 만약 믿음을 그렇게 본다면, 믿음은 마치 '직접적 인식'처럼 진리와 거짓의 대립을 허용하지 못하고 항상 참이 될 수밖에 없다.

예를 들어, 오셀로는 데스데모나가 카시오를 사랑한다고 잘못 믿는다. 우리는 이 믿음이 '데스데모나의 카시오에 대한 사랑'이라는 단일한 대상과 맺는 관계라고 말할 수 없다. 왜냐하면 그런 대상이 실제로 존재한다면 그 믿음은 참이 될 것이기 때문이다. 그러나 실제로 그런 대상은 존재하지 않으므로, 오셀로는 그것과 어떤 관계도 맺을 수 없다. 따라서 그의 믿음은 그 대상과의 관계로 구성될 수 없다.

누군가는 오셀로의 믿음이 다른 대상, 즉 '데스데모나가 카시오를 사랑한다는 것'과 맺는 관계라고 말할 수도 있다. 그러나 데스데모나가 실제로 카시오를 사랑하지 않을 때, 이런 '데스데모나가 카시오를 사랑한다는 것'이라는 대상이 존재한다고 가정하는 것은 '데스데모나의 카시오에 대한 사랑'이라는 대상을 가정하는 것만큼이나 어렵다. 따라서 믿음을 정신이 단일한 대상과 맺는 관계로 보지 않는 이론을 찾는 편이 더 타당하다.

관계를 흔히 두 개의 항 사이에서만 성립하는 것으로 생각하지만, 실제로는 항상 그런 것은 아니다. 어떤 관계는 세 개의 항을 요구하고, 어떤 것은 네 개 이상을 요구하기도 한다. 예를 들어 '사이에 있다'라는 관계를 보자. 항이 두 개뿐이라면 '사이에 있다'라는 관계는 성립할 수 없고, 최소한 세 개의 항이 있어야만 가능하다. 런던과 에든버러 사이에 요크가 있지만, 세상에 런던과 에든버러만 존재한다면, 한 장소가 다른 장소 사이에 있다는 일은 있을 수 없다.

이와 마찬가지로, 질투라는 관계는 최소한 세 사람이 있어야만 성립한다. 세 명 이상이 개입되지 않는 질투라는 관계는 있을 수 없다. 예를 들어 'A가 B에게 C와 D의 결혼을 성사시키라고 바란다'라는 명제는 네 개의 항이 필요한 관계를 포함한다. 즉 A, B, C, D 네 사람 모두가 관여하며, 이 관계는 네 항을 모두 포함하는 형태로밖에 표현할 수 없다. 이런 예는 얼마든지 더 들 수 있지만, 관계가 성립하기 위해 두 개 이상의 항을 필요로 하는 경우가 있다는 점은 이 정도로도 충분히 알 수 있다.

판단이나 믿음에 수반되는 관계는, 거짓을 올바르게 설명하려면 둘 사이의 관계가 아니라 여러 항 사이의 관계로 이해되어야 한다. 오셀로가 데스데모나가 카시오를 사랑한다고 믿을 때, 그의 마음속에 단일한 대상, 곧 '데스데모나의 카시오에 대한 사랑'이나 '데스데모나가 카시오를 사랑한다는 것'이 놓여 있다고 보아서는 안 된다. 그렇게 본다면 정신과는 무관하게 독립적으로 존속하는 객관적인 거짓이 있어야 하는데, 이는 논리적으로 반박할 수는 없지만 가능한 한 피해야 할 이론이다. 따라서 판단을, 정신과 관련된 여러 대상들이 각각 항으로 작용하는 관계로 이해하는 것이 거짓을 설명하기 더 쉽다. 즉, 오셀로가 '데스데모나가 카시오를 사랑한다'고 믿는다는 것은, 그 관계 속에 데스데모나와 사랑이라는 관계, 그리고 카시오가 각각 별개의 항으로 존재하는 것이다.

따라서 이 관계는 네 항의 관계인데, 오셀로 역시 그 관계의 한 항이기 때문이다. 여기서 네 항의 관계라고 말할 때, 우리는 오셀로가 데스데모나와 일정한 관계를 맺고, 또 같은 관계를 '사랑함'과도 맺고, 다시 카시오와도 맺는다고 뜻하는 것이 아니다. 그런 식의 설명은 '믿는다'와는 다른 어떤 관계에는 들어맞을 수 있지만, '믿는다'라는 관계는 분명 세 대상 각각과 맺는 관계가 아니라 그 셋을 함께 묶어서 맺는 관계다. 오직 하나의 '믿음' 관계 사례만이 존재하며, 이 하나의 관계가 네 항을 함께 엮고 있는 것이다.

따라서 오셀로가 그 믿음을 품고 있는 바로 그 순간의 실제 상황은, '믿음'이라 불리는 관계가 오셀로, 데스데모나, 사랑함, 카시오라는 네 항을 하나의 복합적 전체로 엮고 있다는 것이다. 우리가 믿음이나 판단이라고 부르는 것은, 정신을 자신 이외의 여러 사물과 연결하는 바로 이 '믿음' 또는 '판단'의 관계일 뿐이다. 믿음이나 판단의 행위란, 특정한 시점에 어떤 항들 사이에서 '믿음' 또는 '판단'이라는 관계가 성립하는 사건이다.

이제 우리는 참된 판단과 거짓된 판단을 구분하는 것이 무엇인지 이해할 준비가 되었다. 이를 위해 몇 가지 정의를 도입하겠다. 모든 판단 행위에는 판단하는 '정신'이 있으며, 정신이 판단하는 '대상 항'들이 있다. 우리는 판단하는 정신을 '주어'라고 부르고, 나머지 항들을 '목적어'라고 부르겠다. 따라서 오셀로가 '데스데모나가 카시오를 사랑한다'고 판단할 때, 오셀로는 주어이고, 데스데모나와 사랑함, 그리고 카시오는 목적어이다. 주어와 목적어를 합쳐서 판단의 '구성 요소'라고 한다.

판단이라는 관계에는 소위 '의미' 또는 '방향'이 존재한다는 점을 알 수 있다. 비유적으로 말해, 판단은 목적어들을 일정한 순서로 배열하며, 이 순서는 문장에서 단어들이 놓인 순서로 표시할 수 있다. (굴절어에서는 주격과 목적격의 차이처럼 굴절 변화로 이를 나타낼 수 있다.) 예를 들어, 오셀로가 '카시오가 데스데모나를 사랑한다'고 판단하는 경우와 '데스데모나가 카시오를 사랑한다'고 판단하는 경우는 구성 요소가 동일하더라도, 판단 관계가 그 요소들을 배열하는 순서가 다르기 때문에 서로 다른 판단이 된다.

마찬가지로, 카시오가 '데스데모나가 오셀로를 사랑한다'고 판단하는 경우에도 판단의 구성 요소 자체는 여전히 같지만, 그 배열순서는 다르다. 이러한 '의미'나 '방향'이라는 성질은 판단 관계뿐 아니라 모든 관계가 공통으로 가지는 특징이다. 관계의 '방향'은 질서와 연속성 그리고 수많은 수학적 개념의 근원이 되지만, 여기서는 이 측면을 더 깊이 다루지 않겠다.

우리가 '판단' 혹은 '믿음'이라 부르는 관계가 주체와 객체들을 하나의 복합적 전체로 엮어 준다고 말했다. 이런 점에서 판단은 다른 모든 관계와 완전히 동일하다. 어떤 관계가 두 개 이상의 항 사이에 성립할 때마다, 그 관계는 그 항들을 하나의 복합적 전체로 결합한다. 만약 오셀로가 데스데모나를 사랑한다면, '오셀로의 데스데모나에 대한 사랑'이라는 복합적 전체가 존재한다. 관계로 연결된 항들은 그 자체로 복합적일 수도, 단순할 수도 있지만, 이들이 결합해 만들어진 전체는 반드시 복합적일 수밖에 없다. 어떤 항들을 연결하는 관계가 존재한다면, 그 항들의 결합으로 이루어진 복합 대상이 있으며, 반대로 어떤 복합 대상이 존재한다면, 그 구성 요소들을 연결하는 관계 역시 존재한다.

믿음의 행위가 일어날 때, '믿음'이라는 결합 관계가 주체와 객체들을 하나의 복합체로 묶어 주며, 믿음의 관계가 가진 '방향성'에 따라 주체와 객체들이 일정한 순서로 배열된다. 우리가 '오셀로가 데스데모나를 사랑한다고 믿는다'는 예에서 살펴본 것처럼, 객체들 가운데 하나는 반드시 관계여야 하는데, 이 경우 그것은 '사랑한다'라는 관계다. 그러나 믿음의 행위 속에 나타나는 이 '사랑한다'라는 관계는, 주체와 객체들로 이루어진 복합적 전체를 결합시키는 관계와는 동일한 것이 아니다.

'사랑한다'라는 관계는 믿음의 행위 속에서는 객체 중 하나로서 존재하며, 구조물 속의 벽돌이지 그것을 붙이는 시멘트가 아니다. 시멘트 역할을 하는 것은 '믿는다'라는 관계다. 믿음이 참일 때에는, 믿음 속에서 객체 중 하나였던 관계가 이제 다른 객체들을 결합시키는 시멘트로 작용하는 또 하나의 복합적 전체가 존재한다.

예를 들어, 오셀로가 '데스데모나가 카시오를 사랑한다'고 참되게 믿는다면, 믿음의 객체들만으로 이루어진 '데스데모나의 카시오에 대한 사랑'이라는 복합적 전체가 있으며, 그 구성 순서도 믿음 속에서의 순서와 동일하다. 이때 믿음 속에서 객체였던 관계는, 이제 그 다른 객체들을 결합하는 역할을 한다. 반대로, 믿음이 거짓일 경우에는 이러한 복합적 전체가 존재하지 않는다. 오셀로가 '데스데모나가 카시오를 사랑한다'고 거짓으로 믿는다면, '데스데모나의 카시오에 대한 사랑'이라는 복합적 전체는 존재하지 않는다.

따라서 믿음은 특정한 관련 복합체와 일치할 때 참이 되고, 그렇지 않을 때 거짓이 된다. 명확히 하기 위해, 믿음의 객체가 두 개의 항과 하나의 관계라고 가정하자.

믿음의 '방향'에 따라 이 두 항이 특정한 순서로 배열되어 있을 때, 그 두 항이 그 순서 그대로 관계에 의해 하나의 복합체로 결합된다면 그 믿음은 참이다. 그렇지 않다면 거짓이다. 이것이 우리가 찾고 있던 진리와 거짓의 정의이다. 판단이나 믿음은 정신이 그 구성요소 중 하나인 특정 복합적 전체이며, 나머지

구성요소들이 믿음 속에서의 순서대로 하나의 복합체를 형성한 다면 그 믿음은 참이고, 그렇지 않다면 거짓이다.

따라서 진리와 거짓은 믿음의 속성이지만, 어떤 의미에서 그 것들은 외적 속성이다. 왜냐하면 믿음이 참이 되기 위한 조건은 믿음 자체나 (일반적으로) 어떤 정신과도 무관하며, 오직 그 믿음의 대상만을 포함하기 때문이다.

어떤 정신이 믿음을 가질 때, 그 믿음의 대상만으로 이루어진, 정신을 포함하지 않는 상응하는 복합체가 존재하면 그 믿음은 참이 된다. 이러한 상응이 진리를 보장하고, 그것이 없으면 거짓이 된다. 따라서 우리는 다음 두 사실을 동시에 설명할 수 있다. 즉, 믿음은 (a) 존재하기 위해서는 정신에 의존하지만, (b) 진리 여부는 정신에 의존하지 않는다.

우리의 이론을 다음과 같이 다시 정리할 수 있다. '오셀로가 데스데모나가 카시오를 사랑한다고 믿는다'라는 믿음을 예로 들면, 데스데모나와 카시오를 대상-항(object-terms)이라 하고, '사랑함'을 대상-관계(object-relation)라고 부르겠다. 만약 믿음에서와 동일한 순서로 대상-관계가 대상-항들을 결합한 '데스데모나의 카시오에 대한 사랑'이라는 복합체가 존재한다면, 이 복합체를 그 믿음에 대응하는 '사실(fact)'이라고 부른다. 따라서 대응하는 사실이 존재하면 그 믿음은 참이고, 대응하는 사실이 없으면 거짓이다.

정신은 진리나 거짓을 만들어내지 않는다. 정신은 믿음을 만들어내지만, 일단 믿음이 형성되고 나면, 그 믿음이 참인지 거짓인지는 (기차를 잡는 것처럼 믿는 사람이 통제할 수 있는 미래의 일과 같은 특수한 경우를 제외하면) 정신이 결정할 수 없다. 믿음을 참되게 만드는 것은 '사실'이며, 이 사실은 (예외적인 경우를 제외하면) 그 믿음을 가진 사람의 정신과는 아무런 관련이 없다.

이제 진리와 거짓의 의미를 결정했으니, 다음으로는 어떤 믿음이 참인지 거짓인지를 알 수 있는 방법에는 무엇이 있는지를 살펴봐야 한다. 이에 대한 논의는 다음 장에서 다루게 된다.

제13장 지식, 오류 그리고 개연적인 의견
KNOWLEDGE, ERROR, AND PROBABLE OPINION

앞 장에서 살펴본 '진리와 거짓의 의미'에 관한 문제보다 더 흥미로운 것은, '우리가 어떻게 진리와 거짓을 알 수 있는가'라는 문제다. 이번 장에서는 이 문제가 중심이 될 것이다.

우리의 믿음 가운데 일부가 잘못되었다는 것은 의심할 여지가 없다. 따라서 우리는 특정한 믿음이 잘못되지 않았다는 확신을 어느 정도 가질 수 있는지 물어보게 된다. 다시 말해, 우리는 과연 어떤 것을 알 수 있는가, 아니면 단지 운이 좋을 때 가끔 참을 믿게 되는 것인가? 그러나 이 문제를 본격적으로 다루기 전에, 먼저 우리가 '안다'는 말로 무엇을 의미하는지 결정해야 한다. 그런데 이 문제는 생각보다 그리 간단하지 않다.

언뜻 보기에 우리는 지식을 '참된 믿음'으로 정의할 수 있다고 생각할지도 모른다. 우리가 믿는 것이 참일 때, 우리는 그 믿음에 대한 지식을 얻었다고 여길 수 있을 것이다. 그러나 이는 일반적으로 '지식'이라는 단어가 사용되는 방식과는 맞지 않는다. 아주 사소한 예를 들어보자. 어떤 사람이 이전 총리의 성이 B로 시작한다고 믿는다면, 그는 참된 것을 믿는 셈이다. 왜냐하면 이전 총리는 헨리 캠벨 배너먼 경Sir Henry Campbell Bannerman이었기 때문이다.

그러나 만약 이전 총리가 벌퍼Balfour라고 믿는다면, 그는 여전히 이전 총리의 성이 B로 시작한다고 믿게 될 것이다. 하지만 이 믿음은 참이긴 해도 지식이라고는 할 수 없다.

또 어떤 신문이 전보를 받기 전에 전투 결과를 영리하게 추측하여 발표했다고 하자. 그것이 우연히 나중에 옳은 결과로 드러난다 해도, 경험이 부족한 독자들 가운데 일부가 이를 믿게 된다 해도, 그들의 믿음은 참이지만 지식이라고는 할 수 없다. 따라서 거짓된 믿음에서 이끌어낸 참된 믿음은 지식이 될 수 없다는 것이 분명하다.

마찬가지로, 참된 믿음이라 해도 잘못된 추론 과정을 통해 얻어진 것이라면 지식이라고 부를 수 없다. 비록 그 추론이 출발한 전제가 참일지라도 그렇다. 예를 들어 내가 '모든 그리스인은 인간이다'와 '소크라테스는 인간이다'를 알고 있다고 하자. 그리고 여기서 '소크라테스는 그리스인이다'라는 결론을 이끌어낸다면, 나는 소크라테스가 그리스인임을 안다고 말할 수 없다. 왜냐하면 내 전제와 결론이 모두 참이라 할지라도, 그 결론은 전제로부터 정당하게 도출되지 않기 때문이다.

그렇다면 참된 전제로부터 타당하게 도출된 것만이 지식이라고 말해야 할까? 분명히 그렇게 말할 수는 없다. 그런 정의는 너무 넓기도 하고 동시에 너무 좁기도 하다. 먼저 그것은 너무 넓다. 전제가 참이라는 것만으로는 충분하지 않고, 전제가 알려져 있어야 한다.

이전 총리가 벌퍼라고 믿는 사람이 '이전 총리의 이름이 B로 시작한다'는 참된 전제로부터 타당한 결론을 이끌어낼 수 있다 하더라도, 그 결론을 안다고 할 수 없다. 따라서 우리는 정의를 수정하여 지식이란 '알려진 전제로부터 타당하게 도출된 것'이라고 말해야 할 것이다. 그러나 이것은 순환적인 정의다. 이미 '알려진 전제'가 무엇인지를 안다고 가정하기 때문이다. 따라서 이 정의는 기껏해야 한 종류의 지식, 즉 직관적 지식에 대비되는 파생적 지식을 정의할 뿐이다. 우리는 이렇게 말할 수 있다. '파생적 지식이란 직관적으로 알려진 전제로부터 타당하게 도출된 것이다.' 이 진술에는 형식적 결함은 없지만, 여전히 직관적 지식의 정의는 찾아야 한다.

잠시 직관적 지식의 문제는 제쳐두고, 앞에서 제안된 파생적 지식의 정의를 살펴보자. 이에 대한 가장 중요한 반대 의견은 그것이 지식을 지나치게 좁게 한정한다는 점이다. 실제로 사람들은 어떤 직관적 지식으로부터 논리적으로 타당하게 이끌어낼 수 있음에도 불구하고, 실제로는 아무런 논리적 과정을 거치지 않은 채 형성된 참된 믿음을 품는 경우가 흔히 있다.

예를 들어 독서를 통해 생겨난 믿음을 생각해보자. 신문이 국왕의 서거를 발표했다면, 우리는 그 발표가 거짓이라면 결코 이루어지지 않았을 것이라는 이유로 국왕이 죽었다는 믿음을 정당하게 가질 수 있다. 또 신문이 국왕의 서거를 보도했다는 사실 자체를 믿는 것도 충분히 정당하다. 그러나 이때 우리의 믿음이 근거하고 있는 직관적 지식은, 실제로는 그 보도를 담은 활자를 바라봄으로써 얻은 감각자료의 존재에 대한 지식이다. 이런 지식은 글을 읽기 어려워하는 사람이 아니라면 의식적으로 자각되지는 않는다.

아이들은 글자의 모양을 알아차리고, 힘겹게 조금씩 그 의미를 깨닫게 된다. 그러나 읽기에 익숙한 사람은 곧바로 글자가 뜻하는 바를 이해하며, 곰곰이 성찰해 보지 않는 한 자신이 이 지식을 인쇄된 글자를 보는 감각자료에서 얻었다는 사실을 의식하지 못한다. 따라서 글자에서 그 의미로 타당하게 추론하는 것은 가능하고 독자도 그렇게 할 수 있지만, 실제로는 그렇게 하지 않는다. 독자가 논리적 추론이라고 부를 만한 과정을 거치지 않기 때문이다. 그럼에도 불구하고 신문이 국왕의 서거를 알린다는 것을 독자가 모른다고 말하는 것은 분명 터무니없다.

그러므로 우리는 직관적 지식에서 비롯된 것이라면 단순한 연상에 의한 것일지라도, 거기에 타당한 논리적 연관이 존재하고, 또 당사자가 성찰을 통해 그 연관을 자각할 수 있는 경우에는 파생적 지식으로 인정해야 한다. 실제로 우리는 논리적 추론 외에도 한 믿음에서 다른 믿음으로 나아가는 여러 방식을 사용한다. 인쇄된 글자를 보고 곧바로 그 의미를 이해하는 과정이 바로 그런 방식을 잘 보여준다.

이러한 방식을 '심리적 추론'이라 부를 수 있다. 따라서 우리는 심리적 추론과 나란히 그것에 대응하는 논리적 추론을 발견할 수 있는 경우에 한해, 심리적 추론을 파생적 지식을 얻는 수단으로 인정할 것이다.

이 때문에 우리가 바라는 것보다 파생적 지식의 정의는 덜 분명해진다. '발견할 수 있는'이라는 말이 모호하기 때문이다. 그것은 발견을 위해 어느 정도의 성찰이 필요한지를 알려주지 않는다. 그러나 실제로 '지식'이라는 개념 자체가 애초에 명확하지 않다. 지식은 '개연적 의견'과 뒤섞이며, 이번 장에서 더 자세히 보게 되겠지만 양쪽은 서로 이어져 있다. 따라서 지나치게 엄밀한 정의(定義)를 추구해서는 안 된다. 그런 정의는 필연적으로 다소 왜곡된 결과를 낳을 수밖에 없기 때문이다.

그러나 지식과 관련된 가장 큰 어려움은 파생적 지식이 아닌 직관적 지식에서 생겨난다. 파생적 지식을 다루는 한 우리는 직관적 지식이라는 기준에 의지할 수 있다. 하지만 직관적 믿음에 대해서는, 어떤 것은 참이고 어떤 것은 잘못된 것인지 구별할 수 있는 기준을 찾아내기가 결코 쉽지 않다.

이 문제에서 아주 명확한 결론에 도달하는 것은 거의 불가능하다. 우리가 가진 진리에 대한 모든 지식에는 어느 정도의 의심이 스며들어 있으며, 이 사실을 무시하는 이론은 분명 잘못된 것이다. 그러나 이 문제의 어려움을 완화하기 위한 노력은 어느 정도 가능하다.

우선, 진리에 관한 우리의 이론은 어떤 진리를 절대적으로 확실하다고 할 수 있는 의미에서 자명한 것으로 구별할 가능성을 제공한다. 우리는 앞에서, 믿음이 참일 때 그 믿음의 여러 대상들이 하나의 복합체를 이루는 대응하는 사실이 존재한다고 말했다. 그리고 그 믿음이 지금까지 이 장에서 살펴본 다소 모호한 조건들을 충족한다면, 그것은 그 사실에 대한 지식을 구성한다고 할 수 있다. 그러나 어떤 사실에 대해서든, 믿음이 구성하는 지식과는 별도로 지각에 의해 구성되는 또 다른 형태의 지식을 가질 수도 있다. 여기서 '지각'은 가능한 한 가장 넓은 의미로 사용된다.

예를 들어, 일몰 시간이 몇 시인지 알고 있다면, 그 시각에 태양이 지고 있다는 사실을 알 수 있다. 이것은 진리에 대한 지식을 통해 얻는 사실의 지식이다. 그러나 날씨가 맑다면 서쪽을 바라보며 실제로 지는 태양을 볼 수도 있다. 이 경우에는 동일한 사실을 사물에 대한 지식을 통해 알게 되는 것이다.

따라서 어떤 복합적 사실에 관해서는 이론적으로 두 가지 방식으로 알 수 있다. 1) 그 여러 부분들이 실제로 맺고 있는 관계대로 연결되어 있다고 판단하는 '판단'을 통해 알 수 있고, 2) 복합적 사실 자체와의 '직접적 인식'을 통해 알 수 있다. 이 두 번째 방식은 넓은 의미에서 지각이라 부를 수 있으나, 결코 감각적 대상에만 한정되지 않는다.

이제 복합적 사실을 아는 두 번째 방식, 즉 직접적 접촉에 의한 방식은 실제로 그런 사실이 존재할 때만 가능하다는 점을 알 수 있다. 반면 첫 번째 방식은 모든 판단과 마찬가지로 오류에 빠질 수 있다. 두 번째 방식은 복합적 전체를 우리에게 주며, 따라서 그 부분들이 실제로 그러한 관계를 맺어 하나의 복합체를 형성할 때만 가능하다. 반대로 첫 번째 방식은 부분들과 그 관계를 각각 따로 제시하며, 단지 그 부분들과 관계가 실재한다는 것만 요구한다. 관계가 실제로 그 부분들을 그렇게 연결하지 않더라도 판단은 일어날 수 있는 것이다.

제11장의 끝에서 우리는 자명성에는 두 가지 종류가 있을 수 있다고 제안했던 것을 기억할 것이다. 하나는 진리를 절대적으로 보장하는 것이고, 다른 하나는 부분적으로만 보장하는 것이다. 이제 이 두 종류를 구별할 수 있게 되었다.

진리가 자명하다고 말할 수 있는 것은, 첫 번째이자 가장 절대적인 의미에서는, 그 진리에 대응하는 사실과 우리가 직접 접촉하고 있을 때이다. 오셀로가 데스데모나가 카시오를 사랑한다고 믿는다면, 그의 믿음이 참이라면 그에 대응하는 사실은 '데스데모나의 카시오에 대한 사랑'일 것이다. 그런데 이 사실과 직접 접촉할 수 있는 사람은 데스데모나 외에는 없다. 따라서 우리가 여기서 말하는 자명성의 의미에서, '데스데모나가 카시오를 사랑한다'는 진리는(만약 그것이 진리라면) 데스데모나에게만 자명할 수 있다.

모든 정신적 사실과 모든 감각자료에 관한 사실은 동일한 사적 성격을 지닌다. 즉, 오직 한 사람만이 그것들과 직접 접촉할 수 있기 때문에, 현재의 의미에서 그것들이 자명할 수 있는 사람은 그 한 사람뿐이다. 따라서 어떤 개별적 실재에 관한 사실도 둘 이상의 사람에게 자명할 수는 없다. 반면에 보편자에 관한 사실은 이러한 사적 성격을 지니지 않는다.

여러 정신이 동일한 보편자와 직접 접촉할 수 있기 때문에, 보편자들 사이의 관계는 여러 다른 사람들이 접촉을 통해 알 수 있다. 어떤 항들이 일정한 관계 속에 있는 복합적 사실을 접촉을 통해 알게 되는 모든 경우에, 우리는 그 항들이 그렇게 관계한다는 진리가 첫 번째, 즉 절대적인 의미의 자명성을 가진다고 말한다. 그리고 이 경우 그 항들이 그렇게 관계한다는 판단은 반드시 참이어야 한다. 따라서 이러한 자명성은 진리를 절대적으로 보장한다.

그러나 이러한 종류의 자명성이 진리의 절대적 보증을 제공한다 하더라도, 그것이 어떤 특정한 판단이 참이라는 것을 우리가 절대적으로 확실히 알게 해주지는 않는다. 가령 우리가 먼저 태양이 빛나고 있다는 복합적 사실을 지각하고, 이어서 '태양이 빛나고 있다'라는 판단을 내린다고 하자.

이 지각에서 판단으로 옮겨 가려면 주어진 복합적 사실을 분석해야 한다. 즉, 그 사실의 구성 요소로서 '태양'과 '빛남'을 분리해 내야 한다. 이 과정에서 오류가 개입될 수 있다. 따라서 어떤 사실이 첫 번째, 즉 절대적인 자명성을 가진 경우라 할지라도, 그것과 대응한다고 믿는 판단은 사실과 정확히 일치하지 않을 수 있기에 절대적으로 확실하다고는 할 수 없다. 그러나 만약 그것이 실제로 (앞 장에서 설명한 의미에서) 그 사실과 대응한다면, 그 판단은 반드시 참이다.

자명성의 두 번째 종류는 처음부터 판단에 속하는 것이며, 사실을 하나의 복합적 전체로서 직접 지각하는 데서 비롯되지 않는다. 이 두 번째 종류의 자명성은 매우 높은 정도에서부터 어떤 믿음에 대한 희미한 기울어짐에 이르기까지 여러 단계로 나뉜다.

예를 들어 딱딱한 길을 따라 우리로부터 멀어져 가는 말의 발굽 소리를 생각해보자. 처음에는 우리가 발굽 소리를 듣고 있다는 확신이 완전하다. 그러나 주의 깊게 귀 기울이다 보면, 어느 순간 그것이 단지 우리의 상상일 수도 있고, 위층 사람의 발자국 소리일 수도 있으며, 혹은 우리 자신의 심장 박동일 수도 있다고 생각하게 된다.

결국에는 아예 소리가 있었는지조차 의심하게 되고, 마침내 더 이상 아무 소리도 듣지 못한다고 판단하게 된다. 이 과정에는 자명성이 가장 높은 단계에서 가장 낮은 단계까지 연속적으로 점차 줄어드는 변화를 볼 수 있다. 이는 감각자료 자체가 아니라 그것을 바탕으로 한 판단에서 일어나는 변화다.

또 다른 예를 들어보자. 우리가 두 가지 색조, 하나는 파란색이고 다른 하나는 초록색을 비교한다고 하자. 처음에는 두 색이 서로 다른 색조임을 확실히 알 수 있다. 그러나 초록색이 점차 파란색을 닮아가면서, 먼저 청록색이 되고, 이어 푸른빛이 도는 초록이 되며, 마침내 파란색이 되면, 어느 순간 우리는 차이를 볼 수 있는지 의심하게 되고, 이어 차이를 볼 수 없다는 것을 알게 되는 순간이 찾아온다. 악기를 조율할 때나 다른 연속적인 변화가 있는 경우에도 같은 일이 일어난다. 따라서 이러한 종류의 자명성은 정도의 문제이며, 분명히 더 높은 정도의 자명성이 더 낮은 정도의 자명성보다 신뢰할 만하다.

파생적 지식에서 우리의 궁극적 전제들은 일정한 정도의 자명성을 가져야 하며, 그 전제로부터 도출된 결론과의 연결도 마찬가지로 일정한 자명성을 지녀야 한다. 예를 들어 기하학에서의 추론을 생각해보자. 출발점이 되는 공리들이 자명하기만 해서는 충분하지 않다. 추론의 각 단계마다 전제와 결론의 연결 역시 자명해야 한다. 그러나 어려운 추론에서는 이 연결이 매우 낮은 정도의 자명성만을 가지는 경우가 자주 있다. 따라서 추론이 복잡할수록 오류가 발생할 가능성이 적지 않다.

지금까지의 논의를 통해 분명해진 것은 이렇다. 직관적 지식이든 파생적 지식이든, 만약 우리가 직관적 지식의 신뢰성을 그것의 자명성의 정도에 비례한다고 가정한다면, 신뢰성에는 연속적인 등급이 존재하게 된다. 즉, 두드러진 감각자료의 존재나 논리와 산술의 단순한 진리처럼 전적으로 확실하다고 여길 수 있는 것에서부터, 그 반대 명제보다 그나마 조금 더 개연성이 있어 보이는 판단에 이르기까지 다양한 단계가 있다는 것이다.

우리가 굳게 믿는 것이 참이라면, 그것이 직관적 지식이거나, 혹은 직관적 지식으로부터 논리적으로 따라나오는 것을 논리적 혹은 심리적으로 추론한 것이라면, 그것을 지식이라 부른다. 우리가 굳게 믿는 것이 참이 아니라면, 그것을 오류라고 부른다. 그리고 우리가 굳게 믿는 것이 지식도 오류도 아니거나, 혹은 가장 높은 정도의 자명성을 지니지 않은 어떤 것에서 비롯되었기 때문에 주저하며 믿는 것이라면, 그것은 개연적 의견이라고 부를 수 있다. 따라서 일반적으로 지식으로 여겨지는 것의 대부분은 어느 정도든 개연적 의견인 셈이다.

개연적 의견과 관련해서 우리는 정합성으로부터 큰 도움을 얻을 수 있다. 정합성은 진리의 정의로서는 배척되었지만, 기준으로는 자주 사용될 수 있다. 각각은 그저 개연적인 의견들이라 하더라도, 서로 정합적이라면 그것들은 개별적으로 가질 수 있는 개연성보다 더 높은 개연성을 얻게 된다.

많은 과학적 가설들이 개연성을 획득하는 것도 바로 이 방식에 따른다. 그것들은 개연적 의견들의 정합적 체계 속에 들어맞음으로써, 고립되어 있을 때보다 더 개연적인 것이 된다. 일반적인 철학적 가설들에도 같은 일이 적용된다. 개별적인 경우에는 그런 가설들이 매우 의심스러워 보일 수 있지만, 개연적 의견의 집합에 질서와 정합성을 부여하는 역할을 고려하면, 그것들은 거의 확실하다고 할 정도로 높은 개연성을 얻게 된다.

이 점은 특히 꿈과 깨어 있는 삶을 구별하는 문제에 적용된다. 만약 우리의 꿈이 밤마다 서로 정합성을 유지하여 우리의 낮과 마찬가지로 일관성을 가진다면, 우리는 꿈을 믿어야 할지 깨어 있는 삶을 믿어야 할지 거의 알 수 없게 될 것이다. 그러나 실제로는 정합성의 기준이 꿈을 부정하고 깨어 있는 삶을 확증한다. 하지만 이 기준은 성공적으로 작동할 때 개연성을 높여주기는 해도, 정합적 체계 안의 어떤 지점에서 이미 확실성이 존재하지 않는다면 결코 절대적 확실성을 줄 수는 없다. 따라서 개연적 의견을 단순히 조직하는 것만으로는 그것을 의심할 여지없는 지식으로 바꿀 수 없다.

제14장 철학적 지식의 한계
THE LIMITS OF PHILOSOPHICAL KNOWLEDGE

지금까지 철학에 관해 말해온 모든 내용 속에서, 대부분의 철학자들의 저술에서 큰 비중을 차지하는 여러 문제들을 거의 다루지 못했다. 대부분의 철학자들, 적어도 상당수는, 선험적 형이상학적 추론을 통해 종교의 근본 교리, 우주의 본질적 합리성, 물질의 허상성, 모든 악의 비실재성과 같은 것들을 증명할 수 있다고 주장한다. 이러한 논제를 믿을 만한 근거를 찾을 수 있으리라는 희망이 평생을 바쳐 철학을 연구한 많은 이들에게 가장 큰 영감이 되어왔다는 것은 의심할 여지가 없다.

나는 이러한 희망은 헛된 것이라고 믿는다. 우주 전체에 관한 지식은 형이상학을 통해 얻을 수 없으며, 논리 법칙에 따라 어떤 것은 반드시 존재해야 하고 또 어떤 것은 결코 존재할 수 없다고 제시되는 증명들은 비판적 검토를 견뎌낼 수 없을 것처럼 보인다.

이번 장에서는 이러한 추론이 어떤 방식으로 시도되는지를 간단히 살펴보면서, 그것이 타당할 수 있으리라는 희망을 가질 여지가 있는지 알아보고자 한다.

우리가 검토하고자 하는 이러한 관점의 근대적 대표자는 헤겔(Hegel, 1770~1831)이다. 헤겔의 철학은 매우 난해하며, 그것을 올바르게 해석하는 문제에 대해서는 주석가들 사이에서도 의견이 갈린다.

내가 채택하려는 해석은 주석가들 대부분, 적어도 상당수가 받아들이는 것이자 흥미롭고 중요한 철학 유형을 제시한다는 점에서 장점이 있다. 그에 따르면, 헤겔의 주요 논지는 전체에 미치지 못하는 모든 것은 명백히 단편적이며, 세계의 나머지가 제공하는 보완 없이는 명백히 존재할 수 없다는 것이다.

비교해부학자가 단 하나의 뼈로부터 전체 동물이 어떤 모습이었는지를 알아내듯이, 헤겔에 따르면 형이상학자는 현실의 한 조각으로부터 전체 현실이 어떤 모습이어야 하는지를 — 적어도 그 큰 윤곽만큼은 — 파악한다. 겉보기에 따로 떨어져 있는 현실의 모든 조각은 마치 갈고리를 지닌 듯 서로 맞물려 다음 조각에 연결된다. 그 다음 조각 또한 새로운 갈고리를 지니고 있어, 이런 식으로 이어지다 보면 마침내 온 우주가 재구성된다.

헤겔에 따르면 이러한 본질적 불완전성은 사유의 세계와 사물의 세계 모두에서 드러난다. 사유의 세계에서 어떤 추상적이거나 불완전한 개념을 취해 살펴보면, 그 불완전성을 잊을 경우 모순에 빠지게 된다. 이러한 모순은 해당 개념을 그 반대, 즉 대립 개념으로 전환시키며, 우리는 거기서 벗어나기 위해 최초의 개념과 그 대립 개념을 종합한 새로운, 덜 불완전한 개념을 찾아내야 한다.

이 새로운 개념은 우리가 처음 출발했던 개념보다 덜 불완전하다고는 해도 여전히 완전하지는 않으며, 다시 그 대립 개념으로 넘어가고, 그것과 결합해 새로운 종합을 이룬다. 헤겔은 이러한 과정을 거듭해 마침내 '절대 개념'에 이른다.

그의 주장에 따르면, 절대 개념은 불완전성이 없고, 반대 개념도 없으며, 더 이상의 발전도 필요하지 않다. 따라서 절대 개념은 절대적 실재를 묘사하는 데 충분하지만, 그보다 낮은 개념들은 모두 전체를 동시에 조망하는 이가 아니라 부분적 시각에서 본 현실만을 묘사할 뿐이다. 이렇게 하여 헤겔은 절대적 실재가 공간과 시간에 속하지 않고, 어떤 의미에서도 악하지 않으며, 전적으로 합리적이고 전적으로 정신적인, 하나의 조화로운 체계를 이룬다고 결론짓는다.

우리가 아는 세계에서 그와 반대되는 듯 보이는 모든 현상은, 우리의 단편적이고 부분적인 우주 관점 때문에 생겨난 것임이 논리적으로 입증될 수 있다고 헤겔은 믿었다. 만약 우리가 신이 바라보는 것처럼 우주 전체를 본다면, 공간과 시간, 물질과 악 그리고 모든 갈등과 투쟁은 사라지고, 그 대신 영원하고 완전하며 불변하는 정신적 통일성을 보게 될 것이다.

이 사상 속에는 더할 나위 없이 장엄한 무언가가 있으며, 우리가 기꺼이 동의하고 싶어지는 무언가가 있다. 그러나 그것을 뒷받침하는 논증들을 면밀히 살펴보면, 많은 혼란과 정당화될 수 없는 가정들이 포함되어 있음을 알 수 있다.

이 체계가 세워진 근본 원리는, 불완전한 것은 스스로 존립할 수 없으며 존재하기 위해 다른 것들의 지지를 필요로 한다는 것이다. 자기 밖의 사물들과 관계를 맺는 모든 것은 그 자체의 본성 속에 외부 사물들에 대한 어떤 참조를 담고 있어야 하며, 따라서 그 외부 사물들이 존재하지 않는다면 그것은 지금과 같은 모습일 수 없다고 주장한다.

예컨대 한 인간의 본성은 그의 기억과 지식, 사랑과 증오 등으로 이루어진다. 따라서 그가 알고, 사랑하고, 미워하는 대상들이 없다면 지금의 그가 될 수 없다. 그는 본질적으로, 또 분명히 하나의 단편에 불과하다. 전체 현실의 총합으로 간주된다면 그는 자기모순적이 될 것이다.

그러나 이러한 전체적인 관점은 결국 사물의 '본성'이라는 개념에 의존하는데, 여기서 '본성'은 '그 사물에 관한 모든 진리'를 의미하는 듯하다. 물론 어떤 사물이 다른 사물과 맺는 진리는, 그 다른 사물이 존재하지 않는다면 존립할 수 없다. 그러나 사물에 관한 진리는 그 사물 자체의 일부는 아니다. 그럼에도 위의 용법에 따르면 그것은 사물의 '본성'의 일부가 된다.

만약 우리가 사물의 '본성'을 그 사물에 관한 모든 진리라고 이해한다면, 우주 안의 모든 다른 사물과 맺는 모든 관계를 알지 못하고는 그 사물의 '본성'을 알 수 없게 된다. 하지만 '본성'이라는 단어를 이런 의미로 사용한다면, 우리는 그 사물의 '본성'을 알지 못하거나 적어도 완전히 알지 못하더라도, 그 사물을 알 수 있다고 인정해야 할 것이다.

위와 같은 방식으로 '본성(nature)'이라는 말을 사용할 때는 사물에 대한 지식과 진리에 대한 지식이 혼동된다. 우리는 그 사물에 대해 아는 명제가 거의 없어도, 이론적으로는 아무 명제도 몰라도, 직관적 인식을 통해 사물을 알 수 있다. 따라서 어떤 사물을 직관적으로 안다고 해서 위의 의미에서 말한 그 사물의 '본성'을 아는 것은 아니다. 또 우리가 어떤 사물에 대한 명제를 알 때 거기에는 그 사물에 대한 직관적 인식이 포함되지만, 그렇다고 해서 그 사물의 '본성'을 안다고 할 수는 없다. 따라서 1) 사물을 직관적으로 안다고 해서 그 사물의 관계들까지 논리적으로 아는 것은 아니며, 2) 그 사물의 몇 가지 관계를 안다고 해서 그 사물의 모든 관계나 위에서 말한 의미의 '본성'을 아는 것도 아니다.

예를 들어 나는 치통을 직접 인식할 수 있으며, 이 지식은 직관적 인식이 도달할 수 있는 가장 완전한 지식일 수 있다. 그러나 치통의 원인에 대해, 그것을 직접 인식하지 못하는 치과의사가 말해줄 수 있는 모든 것을 알지 못하기 때문에, 위의 의미에서 말한 그 치통의 '본성'을 아는 것은 아니다. 따라서 어떤 사물이 관계들을 가진다고 해서, 그 관계들이 논리적으로 필연적이라는 것을 의미하지는 않는다. 다시 말해, 그것이 그 사물이라는 사실만으로는 실제로 그것이 가지는 여러 관계들을 반드시 도출할 수는 없다. 우리가 이미 그것을 알고 있기 때문에 그렇게 도출되는 듯 보일 뿐이다.

따라서 우주 전체가 헤겔이 믿었던 것처럼 하나의 조화로운 체계를 이룬다고 결코 증명할 수 없다. 그리고 이것을 증명할 수 없다면, 공간과 시간, 물질과 악이 비실재적이라는 것도 증명할 수 없다. 헤겔은 이러한 것들의 단편적이고 관계적인 성격으로부터 그것을 도출했기 때문이다. 그러므로 우리는 세계를 단편적으로 탐구할 수밖에 없으며, 우리의 경험에서 멀리 떨어진 우주의 부분들의 성격을 알 수 없다.

이 결과는 철학자들의 체계에 의해 기대를 키워온 이들에게는 실망스러울지 모르지만, 귀납적이고 과학적인 우리 시대의 정신과는 조화를 이루며, 앞 장들에서 다루어온 인간 지식 전체의 검토를 통해서도 뒷받침된다.

형이상학자들의 위대한 야심적 시도 대부분은 현실 세계의 어떤 겉보기 특징들이 자기모순적이라는 것을 증명하려는 데서 출발했으며, 따라서 그것들은 실재할 수 없다고 주장해왔다. 그러나 근대 사상의 전체적 경향은 점점 더 이러한 모순이 환상에 불과하다는 것을 보여주는 쪽으로 나아가고 있으며, 무엇이 반드시 그래야 한다는 선험적 고찰로부터는 거의 아무것도 증명될 수 없다는 쪽으로 기울고 있다.

좋은 예가 바로 공간과 시간이다. 공간과 시간은 무한히 확장되어 있으며 무한히 분할될 수 있는 것으로 보인다. 우리가 직선 위를 어느 쪽으로든 따라간다고 할 때, 마침내 마지막 지점에 도달하여 그 너머에는 아무것도, 심지어 빈 공간조차도 없다고 믿기는 어렵다. 마찬가지로 상상 속에서 시간을 거슬러 과거로 가거나 미래로 나아간다고 할 때, 맨 처음이나 맨 마지막 순간에 도달하여 그 너머에는 아무것도, 심지어 빈 시간조차도 없다고 믿기는 어렵다. 따라서 공간과 시간은 무한히 확장되어 있는 것처럼 보인다.

또 직선을 따라 임의의 두 점을 선택해 보자. 두 점 사이의 거리가 아무리 짧더라도 그 사이에는 반드시 다른 점들이 있어야 한다는 것이 분명해 보인다. 모든 거리는 반으로 나눌 수 있고, 그 절반은 다시 반으로 나눌 수 있으며, 이렇게 무한히 계속될 수 있다.

시간에서도 마찬가지다. 두 순간 사이에 흐른 시간이 아무리 짧더라도 그 사이에는 또 다른 순간들이 있다고 보는 것이 분명하다. 따라서 공간과 시간은 무한히 분할 가능한 것처럼 보인다. 그러나 이러한 겉보기 사실 — 무한한 크기와 무한한 분할 가능성 — 에 반대하여, 철학자들은 사물의 무한 집합은 존재할 수 없다고 주장해 왔고, 따라서 공간상의 점의 수나 시간상의 순간의 수는 유한해야 한다고 했다. 그 결과 공간과 시간의 겉보기 성격과 무한 집합의 불가능성이라는 주장 사이에 모순이 생겨난 것이다.

이 모순을 처음 강조한 사람은 칸트였으며, 그는 이를 근거로 공간과 시간이 불가능하다고 결론짓고, 그것들을 단지 주관적인 것이라고 선언했다. 그 이후로 많은 철학자들은 공간과 시간이 실제 세계의 성질이 아니라 단순한 현상에 불과하다고 믿어 왔다. 그러나 이후 수학자들, 특히 게오르크 칸토어Georg Cantor 의 연구 덕분에 무한 집합의 불가능성은 착오였음이 드러났다.

무한 집합은 실제로 자기모순적인 것이 아니라, 다만 완고한 정신적 편견과 모순될 뿐이었다. 따라서 공간과 시간을 비실재적인 것으로 간주하게 만들었던 근거들은 더 이상 작동하지 않게 되었고, 형이상학적 체계를 낳던 큰 원천 가운데 하나가 고갈되고 말았다.

그러나 수학자들은 흔히 가정되는 형태의 공간이 가능하다는 것을 보이는 데에만 그치지 않았다. 그들은 논리적으로 볼 때 다른 여러 형태의 공간도 똑같이 가능하다는 것을 보여주었다.

상식적으로는 필연적인 것처럼 보이고 철학자들 또한 오랫동안 필연적이라고 여겨왔던 유클리드의 몇몇 공리들이, 이제는 단지 우리가 실제 공간에 익숙하기 때문에 필연적으로 보였을 뿐이며, 선험적 논리적 근거에서 비롯된 것이 아님이 밝혀진 것이다.

수학자들은 이러한 공리들이 거짓인 세계를 상상함으로써, 논리를 사용해 상식의 편견을 흔들고 우리가 사는 공간과 다소간 차이를 보이는 다양한 공간들의 가능성을 보여주었다. 그리고 이들 가운데 어떤 공간들은 우리가 측정할 수 있는 거리와 관련해서는 유클리드 공간과 거의 차이가 없기 때문에, 우리의 실제 공간이 엄밀히 유클리드적인지 아니면 다른 종류의 공간인지 관찰을 통해서는 알 수 없다. 이로써 상황은 완전히 역전되었다.

예전에는 경험이 논리 앞에 단 하나의 공간만을 남겨주었고, 논리는 그 유일한 공간조차 불가능하다고 보였다. 그러나 이제 논리는 경험과는 무관하게 다양한 공간들을 가능한 것으로 제시하며, 경험은 그들 중 일부만을 부분적으로 가려낼 뿐이다. 따라서 우리가 무엇이 실제로 존재하는지에 대해 아는 것은 예전에 여겨졌던 것보다 줄어들었지만, 무엇이 존재할 수 있는지에 대한 우리의 지식은 엄청나게 확장되었다.

우리는 이제 모든 구석구석을 탐색할 수 있는 좁은 벽 안에 갇혀 있는 것이 아니라, 알 것이 너무 많기 때문에 여전히 많은 것이 미지로 남아 있는, 자유로운 가능성의 열린 세계에 놓여 있음을 발견하게 된다.

공간과 시간에서 벌어진 일이 다른 여러 영역에서도 어느 정도 일어났다. 선험적 원리로 우주를 규정하려는 시도는 실패로 돌아갔다. 논리는 더 이상 가능성을 막는 장벽이 아니라 상상력을 해방하는 위대한 도구가 되어, 성찰 없는 상식에는 닫혀 있던 무수한 대안들을 열어 보였고, 여러 세계들 가운데 어디까지

선택할 수 있는지를 결정하는 일은, 가능한 한, 경험에 맡겨지게 되었다.

따라서 무엇이 존재하는가에 대한 지식은 우리가 경험으로부터 배울 수 있는 것에 한정된다. 그러나 그것은 우리가 실제로 경험할 수 있는 것에 국한되지 않는다. 이미 보았듯이, 우리는 직접 경험하지 못한 사물들에 대해서도 기술을 통한 많은 지식을 가지고 있기 때문이다. 하지만 기술에 의한 모든 지식의 경우, 어떤 주어진 자료로부터 특정한 종류의 대상을 추론할 수 있게 해주는 보편자들의 연결을 필요로 한다.

예를 들어 물리적 대상과 관련해서는, 감각자료가 물리적 대상의 징표라는 원리가 곧 보편자들의 연결이다. 바로 이 원리에 의해서만 경험이 우리에게 물리적 대상에 관한 지식을 제공할 수 있다. 인과율도 마찬가지이며, 더 일반적이지 않은 예로 내려가자면 중력 법칙 같은 원리들도 그렇다.

중력 법칙과 같은 원리들은 경험과 전적으로 선험적인 원리, 예컨대 귀납의 원리를 결합함으로써 증명되거나, 보다 정확하게는 매우 개연적인 것으로 입증된다. 따라서 모든 진리에 대한 다른 지식의 근원이 되는 우리의 직관적 지식은 두 가지로 나뉜다.

첫째, 우리가 직접 접촉하고 있는 개별 사물의 존재와 그 몇 가지 성질을 알려주는 순수 경험적 지식, 둘째, 보편자들 사이의 연결을 제공하고 경험적 지식이 주는 개별적 사실로부터 추론을 가능하게 하는 순수 선험적 지식이다.

우리의 파생적 지식은 언제나 어떤 순수 선험적 지식에 의존하며, 또한 대개는 어떤 순수 경험적 지식에도 의존한다.

위에서 말한 바가 옳다면 철학적 지식은 과학적 지식과 본질적으로 다르지 않다. 철학에 과학에는 없는 어떤 특별한 지혜의 원천이 있는 것도 아니며, 철학이 얻는 결과가 과학이 얻는 결과와 근본적으로 다른 것도 아니다. 철학을 과학과 구분되는 독자적 연구로 만드는 본질적 특징은 '비판'이다. 철학은 과학과 일상생활에서 사용되는 원리들을 비판적으로 검토하며, 그 안에서 모순이 있는지를 찾아내고, 비판적 탐구의 결과 그것을 거부할 이유가 없을 때에만 받아들인다.

만약 많은 철학자들이 믿어왔듯이, 과학을 뒷받침하는 원리들이 불필요한 세부사항에서 분리되어 우주 전체에 관한 지식을 제공할 수 있다면, 그런 지식은 과학적 지식과 동일한 자격으로 우리의 믿음을 요구할 수 있을 것이다. 그러나 우리의 탐구는 그러한 지식을 드러내지 못했으며, 따라서 대담한 형이상학자들의 특별한 교의들에 대해서는 주로 부정적인 결론을 얻게 되었다. 그러나 일반적으로 지식으로 받아들여지는 것과 관련해서는, 우리의 결론은 대체로 긍정적이다. 우리의 비판 결과로 그러한 지식을 거부할 이유를 발견하는 경우는 드물었으며, 인간이 일반적으로 믿어진 바와 같은 종류의 지식을 가질 수 없다고 여길 이유도 발견하지 못했다.

그러나 철학을 지식에 대한 비판이라고 말할 때는 일정한 한계를 설정해야 한다. 만약 우리가 완전한 회의론자의 태도를 취해, 모든 지식 바깥에 스스로를 두고 그 외부의 위치에서 지식의 범위 안으로 다시 돌아오도록 강제해달라고 요구한다면, 그것은 불가능한 것을 요구하는 셈이 된다.

그런 회의는 결코 반박될 수 없다. 모든 반박은 논쟁자들이 공유하는 어떤 지식에서 출발해야 하며, 아무런 전제도 없는 의심으로부터는 어떤 논증도 시작될 수 없기 때문이다. 따라서 철학이 수행하는 지식의 비판은, 만약 어떤 결과라도 이루려 한다면, 이러한 파괴적 성격을 띠어서는 안 된다.

이러한 절대적 회의에 맞서 논리적 논증을 제시할 수는 없다. 그러나 이런 종류의 회의가 불합리하다는 것은 어렵지 않게 알 수 있다. 근대 철학이 시작된 데카르트의 '방법적 회의'는 이러한 절대적 회의가 아니라, 우리가 철학의 본질이라고 주장하는 바로 그 비판의 성격을 띤 것이다.

그의 '방법적 회의'란 의심스러워 보이는 것은 무엇이든 의심하는 것이었으며, 겉보기에 지식처럼 보이는 것 하나하나를 멈추어 숙고하면서, 그것을 정말로 알고 있다고 확신할 수 있는지를 자신에게 물어보는 것이었다.

철학을 구성하는 비판이란 바로 이러한 것이다. 감각자료가 존재한다는 지식처럼, 아무리 침착하고 철저히 성찰해도 의심할 수 없게 보이는 지식이 있다. 이러한 지식에 대해 철학적 비판은 믿음을 유보할 것을 요구하지 않는다. 그러나 물리적 대상이 감각자료와 정확히 닮아 있다는 믿음처럼, 성찰하기 전에는 유지되지만 면밀한 탐구에 부치면 사라지고 마는 믿음들도 있다. 철학은 이런 믿음들을, 새로운 근거가 발견되지 않는 한, 버리라고 요구한다. 하지만 아무리 엄밀히 살펴보아도 반박할 여지가 없어 보이는 믿음을 거부하는 것은 합리적이지 않으며, 철학이 주장하는 바도 아니다.

한마디로 말해, 철학이 지향하는 비판은 아무런 근거 없이 거부를 결심하는 것이 아니라, 각각의 겉보기 지식을 그 자체의 타당성에 따라 검토하고, 그 검토를 마친 후에도 여전히 지식으로 보이는 것을 남기는 것이다.

오류의 위험이 일부 남아 있음을 인정하지 않을 수는 없다. 인간은 불완전하기 때문이다. 그러나 철학은 오류의 위험을 줄여준다는 점, 그리고 어떤 경우에는 그 위험을 사실상 무시할 수 있을 만큼 작게 만든다는 점을 정당하게 주장할 수 있다. 실수가 반드시 일어날 수밖에 없는 세계에서 그 이상을 해내는 것은 불가능하며, 신중한 철학의 옹호자라면 누구도 그 이상을 이루었다고 주장하지는 않을 것이다.

제15장 철학의 가치
THE VALUE OF PHILOSOPHY

이제 철학의 문제들에 대한 짧고도 매우 불완전한 개관을 마쳤으니, 결론으로서 철학의 가치가 무엇이며, 왜 공부해야 하는지를 살펴보는 것이 좋을 것이다. 특히 과학이나 실용적 관심사들의 영향으로 많은 사람들이 철학이 무해하되 쓸모없는 잡다한 장난이나, 쓸데없는 세분화, 혹은 지식을 얻을 수 없는 문제들에 관한 논쟁에 불과한 것은 아닌지 의심하는 경향이 있다는 사실을 고려한다면, 이 질문을 검토하는 것은 더욱 필요하다.

철학에 대한 이러한 견해는 부분적으로는 삶의 목적에 대한 잘못된 이해에서, 또 부분적으로는 철학이 추구하는 선의 성격에 대한 잘못된 이해에서 비롯된 것으로 보인다.

물리학은 발명을 매개로 하여 그것을 전혀 알지 못하는 무수히 많은 사람들에게도 유용하다. 따라서 물리학 연구는, 학생 개인에게 미치는 영향 때문만이 아니라, 오히려 인류 전체에 미치는 영향 때문에 권장된다. 이와 달리 철학에는 그런 식의 효용이 존재하지 않는다.

철학 연구가 철학을 공부하는 사람들 이외의 이들에게 조금이라도 가치가 있다면, 그것은 오직 간접적으로, 철학을 공부하는 사람들의 삶에 미치는 영향을 통해서만 가능하다. 따라서 철학의 가치는 무엇보다도 이 효과들 속에서 찾아야 한다.

더 나아가 우리가 철학의 가치를 규명하려는 노력에서 실패하지 않으려면, 먼저 흔히 '실용적인' 사람이라 잘못 불리는 이들의 편견에서 벗어나야 한다. 이 말이 자주 사용되는 의미에서의 '실용적인' 사람은 오직 물질적 필요만을 인정하며, 인간에게 육체를 위한 음식이 필요하다는 것은 알지만 정신을 위한 양식이 필요하다는 사실은 잊고 있다.

모든 사람들이 풍요롭게 살고, 빈곤과 질병이 가능한 한 최소한으로 줄어들었다 하더라도, 가치 있는 사회를 이루기 위해서는 여전히 해야 할 일이 많을 것이다. 그리고 지금의 세계에서도 정신의 선은 적어도 육체의 선만큼이나 중요하다. 철학의 가치는 오직 정신의 선들 속에서만 발견될 수 있으며, 이러한 선에 무관심하지 않은 사람들만이 철학 연구가 시간을 낭비하는 일이 아님을 납득할 수 있다.

철학은 다른 모든 학문과 마찬가지로 근본적으로 지식을 목표로 한다. 철학이 추구하는 지식은 과학 전체에 통일성과 체계를 부여하는 지식이며, 우리의 확신과 편견, 신념의 근거를 비판적으로 검토함으로써 얻어지는 지식이다. 그러나 제기하는 물음들에 대해 철학이 명확한 답을 제공하는 데 큰 성공을 거두었다고 보기는 어렵다.

수학자, 광물학자, 역사학자, 혹은 다른 학문의 연구자에게 그의 학문을 통해 확립된 명확한 진리의 체계가 무엇인지 묻는다면, 그는 당신이 들어줄 수 있는 한 계속해서 대답할 수 있을 것이다. 그러나 같은 질문을 철학자에게 던진다면, 정직한 철학자는 그의 연구가 다른 과학들이 이룩한 것과 같은 긍정적 성과를 거두지 못했다는 점을 인정할 수밖에 없다.

물론 이것은 어떤 주제에 대해 명확한 지식이 가능해지는 순간, 그 주제는 더 이상 철학이라 불리지 않고 독립된 과학이 되기 때문이기도 하다.

현재는 천문학에 속하는 하늘에 관한 모든 연구도 한때는 철학에 포함되어 있었다. 뉴턴의 위대한 저작도 《자연철학의 수학적 원리》라 불리지 않았던가. 마찬가지로 한때 철학의 일부였던 인간 정신에 대한 연구도 이제는 철학에서 분리되어 심리학이라는 과학이 되었다. 따라서 철학의 불확실성은 상당 부분 실제라기보다는 겉보기에 불과한 것이다.

이미 명확한 해답이 가능한 문제들은 과학으로 옮겨지고, 현재로서는 명확한 해답을 내릴 수 없는 문제들만이 철학이라는 잔여물로 남게 되는 것이다.

그러나 이것은 철학의 불확실성에 관한 진리의 한 부분에 불과하다. 우리가 보기에는, 인간의 지성이 지금과는 전혀 다른 차원의 능력을 갖지 않는 한 해결할 수 없을 수많은 물음들이 있으며, 그 가운데는 우리의 정신적 삶에 가장 깊은 관심을 불러일으키는 문제들도 있다.

우주에는 어떤 계획이나 목적의 통일성이 있는가, 아니면 단지 원자들의 우연한 집합에 불과한가? 의식은 지혜의 무한한 성장을 희망하게 하는 우주의 영속적 일부인가, 아니면 결국 생명이 불가능해질 작은 행성에서의 덧없는 우연인가? 선과 악은 우주에 중요한 것인가, 아니면 인간에게만 중요한 것인가? 이러한 물음들이 철학에 의해 제기되며, 철학자들에 따라 서로 다르게 대답해왔다.

그러나 그 답이 다른 방식으로 발견될 수 있든 없든, 철학이 제시하는 답변들 가운데 어느 것도 입증 가능한 참은 아닌 것처럼 보인다. 그럼에도 불구하고, 설령 해답을 발견할 희망이 아주 미미하다 하더라도, 이러한 물음들을 계속 사유하는 것, 그 중요성을 자각하게 하는 것, 그것들에 이르는 모든 길을 검토하는 것 그리고 명확히 확정될 수 있는 지식에만 자신을 가두어 버림으로써 쉽게 소멸해 버리기 쉬운 우주에 대한 사변적 관심을 살아 있게 유지하는 것, 이것이 철학의 과업 가운데 일부다.

물론 많은 철학자들은 철학이 이러한 근본적 물음들에 대한 특정한 답을 진리로 확립할 수 있다고 주장해왔다. 그들은 종교적 신념에서 가장 중요한 것들이 엄밀한 논증을 통해 참으로 증명될 수 있다고 생각했다.

이러한 시도들을 판단하려면 인간의 지식 전체를 살펴보고, 그 방법과 한계를 평가해야 한다. 이런 주제에 대해 독단적으로 단언하는 것은 현명하지 못할 것이다. 그러나 앞 장들에서의 탐구가 우리를 그르치지 않았다면, 우리는 종교적 신념들에 대한 철학적 증명을 찾으려는 희망을 포기해야만 할 것이다. 따라서 철학의 가치 속에 그러한 물음들에 대한 어떤 확정적인 답을 포함시킬 수는 없다. 다시 말해 철학의 가치는, 철학을 공부하는 사람들이 획득할 수 있는 어떤 확정적이고 명확한 지식 체계에 의존해서는 안 된다.

철학의 가치는 오히려 그 불확실성 속에서 크게 찾아야 한다. 철학에 대한 관심조차 없는 사람은 상식에서 비롯된 편견, 자기 시대나 민족의 습관적인 신념 그리고 숙고한 이성의 협력이나 동의 없이 정신 속에 자리 잡은 확신들 속에 갇혀 평생을 살아간다.

그런 사람에게 세계는 명확하고, 유한하며, 자명한 것으로 보인다. 일상적인 사물들은 더 이상 의문을 불러일으키지 않고, 낯선 가능성들은 경멸적으로 거부된다. 그러나 철학하기를 시작하는 순간, 우리는 앞 장들에서 보았듯이, 가장 일상적인 것들조차 불완전한 답만을 줄 수 있는 문제들로 이어진다는 것을 깨닫는다.

철학은 자신이 불러일으킨 의문들에 대해 확실한 답을 알려줄 수는 없지만, 우리의 사유를 넓히고 관습의 지배에서 해방시키는 수많은 가능성들을 제시할 수 있다. 그래서 사물이 무엇인지를 확실히 안다는 우리의 느낌은 줄어들지만, 사물이 무엇일 수 있는지에 대한 지식은 크게 확장된다.

철학은 해방적 회의의 영역을 결코 여행해 본 적 없는 이들의 다소 오만한 독단을 걷어내고, 익숙한 사물을 낯선 모습으로 보여줌으로써 우리의 경이감을 살아 있게 한다.

철학이 뜻밖의 가능성을 보여주는 데에 쓸모가 있다는 점과는 별개로, 철학의 가치는 — 아마도 가장 중요한 가치는 — 그 사유의 대상이 위대하다는 점, 그리고 그러한 성찰에서 비롯되는 좁고 개인적인 목적에서의 해방에 있다.

본능적인 인간의 삶은 사적인 관심사의 울타리 속에 갇혀 있다. 그 속에는 가족과 친구가 포함될 수 있지만, 외부세계는 본능적 욕망의 범위 안에 있는 것들을 돕거나 방해하는 한에서만 고려된다. 이러한 삶에는 들뜬 듯한 답답함이 있으며, 이에 비해 철학적 삶은 차분하고 자유롭다. 본능적 관심의 개인적 세계는 작디작은 것이고, 그것은 머지않아 우리의 개인적 세계를 무너뜨릴 거대한 세계 한가운데 놓여 있다.

우리의 관심을 넓혀 외부세계 전체를 포함하지 못한다면, 우리는 포위된 요새의 수비대처럼 남게 되며, 적이 탈출을 막고 결국 항복이 불가피하다는 사실을 알면서 살아가게 된다.

이런 삶에는 평화가 없고, 욕망의 집요함과 의지의 무력함 사이에서 끊임없는 갈등만이 있을 뿐이다. 우리의 삶이 위대하고 자유로워지려면, 어떤 방식으로든 우리는 이 감옥과 이 갈등에서 벗어나야 한다.

이 감옥과 갈등에서 벗어나는 한 가지 길은 철학적 관조다. 철학적 관조는 가장 넓은 시야에서 우주를 두 개의 적대적 진영 — 친구와 적, 유익한 것과 해로운 것, 선과 악 — 으로 나누지 않고, 전체를 공정하게 바라본다.

순수한 철학적 관조는 우주의 나머지가 인간과 닮아 있다는 것을 증명하려 하지 않는다. 모든 지식의 습득은 자아의 확장을 뜻하지만, 이 확장은 직접적으로 추구할 때보다 그렇지 않을 때 더 잘 이루어진다. 그것은 오직 지식에 대한 열망만이 작동할 때, 즉 사물이 이러해야 한다거나 저러해야 한다는 선입견을 품지 않고, 오히려 사물이 지닌 성격에 자아를 맞추는 탐구를 통해 얻어진다. 반대로 자아를 있는 그대로 둔 채 세계가 자아와 닮았다고 주장하며, 이질적으로 보이는 것을 조금도 받아들이지 않은 채 지식이 가능하다고 하려 한다면, 이러한 자아의 확장은 결코 이루어지지 않는다.

이를 증명하려는 욕망은 일종의 자기주장이다. 그리고 모든 자기주장이 그러하듯, 그것은 자아가 스스로 알고 있는 성장의 가능성과 그 성장을 가로막는 장애물이다.

철학적 사유에서든 다른 영역에서든, 자기주장은 세계를 자기 목적의 수단으로 바라본다. 따라서 그것은 세계를 자아보다 덜 중요하게 만들고, 자아가 자신의 선의 위대함에 한계를 설정하도록 만든다. 반대로 관조에서는 자아가 아닌 것에서 출발하며, 그 위대함을 통해 자아의 경계가 확장된다. 우주의 무한함을 통해 그것을 관조하는 정신은 무한에 대한 일종의 몫을 얻게 된다.

이러한 이유로, 우주를 인간에 동화시키려는 철학은 위대한 영혼을 길러내지 못한다. 지식은 자아와 비자아의 결합의 한 형태인데, 모든 결합이 지배에 의해 손상되듯, 우주를 억지로 우리 안에서 발견되는 것과 일치시키려는 시도 역시 결합을 훼손한다.

철학에는 오래도록 이런 경향을 보이고 있었다. 곧 인간이 만물의 척도라는 주장, 진리가 인간에 의해 만들어진다는 주장, 공간과 시간과 보편자의 세계가 정신의 속성이라는 주장, 그리고 만일 정신이 만들지 않은 것이 있다면 그것은 알 수 없으며 우리에게는 중요하지 않다는 주장이다.

만약 앞에서의 논의가 옳다면, 이러한 견해는 사실이 아니다. 그러나 사실이 아님을 떠나서라도, 이 견해는 철학적 관조를 자아에 묶어둠으로써 그것의 가치를 앗아간다. 그것이 '지식'이라고 부르는 것은 비자아와의 결합이 아니라, 편견과 습관과 욕망으로 이루어진, 우리와 세계를 가로막는 뚫을 수 없는 장막일 뿐이다. 이런 지식관에 만족을 느끼는 사람은, 마치 자신의 말이 법처럼 통하지 않을까 두려워 결코 가정의 울타리 바깥으로 나서지 않는 사람과도 같다.

참된 철학적 관조는 그와 반대로, 자아가 아닌 것이 확장되는 모든 것, 관조되는 대상을 확대하는 모든 것 그리고 그로써 관조하는 주체를 확대하는 모든 것 속에서 만족을 발견한다. 관조 속에서 습관, 사적 이익, 욕망에 의존하는 모든 것, 곧 개인적이고 사적인 모든 것은 대상을 왜곡시키며, 따라서 지성이 추구하는 결합을 훼손한다. 이러한 개인적이고 사적인 것들은 주체와 객체 사이에 장벽을 세움으로써 지성에게 감옥이 된다.

자유로운 지성은 신이 보듯 볼 것이다. 여기와 지금에 얽매이지 않고, 희망과 두려움에 사로잡히지 않고, 관습적 신념과 전통적 편견의 속박 없이, 오직 지식에 대한 열망만으로, 차분하고 냉정하게, 가능한 한 비인격적이고 순수하게 관조하는 지식을 추구할 것이다. 따라서 자유로운 지성은 사적, 역사적 우연성이 개입되지 않는 추상적이고 보편적인 지식을, 감각을 통해 얻어지는 지식보다 더 중시할 것이다. 감각을 통해 얻어지는 지식은 필연적으로 배타적이고 개인적인 관점과, 드러내는 만큼이나 왜곡하기도 하는 감각기관에 의존하기 때문이다.

철학적 관조의 자유와 공정함에 익숙해진 정신은 행위와 감정의 세계에서도 그 자유와 공정함을 어느 정도 유지한다. 그런 정신은 자신의 목적과 욕망을 전체의 일부로 바라보며, 그것들이 한 인간의 행위로는 결코 전체에 영향을 줄 수 없는 세계 속에서 지극히 미세한 단편에 불과하다는 사실을 깨달음으로써 집착에서 벗어난다.

관조 속에서의 공정함이란 오직 진리에 대한 순수한 열망인데, 행위에서는 그것이 정의가 되고, 감정에서는 그것이 누구에게나 베풀 수 있는 보편적 사랑이 된다. 따라서 관조는 우리의 사고 대상을 넓혀줄 뿐 아니라, 우리의 행위와 애정의 대상까지 넓혀 준다. 그것은 우리를 다른 모든 이와 대립하는 성벽 안 도시의 시민이 아니라, 우주의 시민으로 만든다. 바로 이 우주의 시민권 속에 인간의 진정한 자유가 있으며, 좁디좁은 희망과 두려움의 속박으로부터의 해방이 있다.

따라서 철학의 가치에 관한 논의를 요약하자면 이렇다.

철학은 질문들에 대한 명확한 해답을 얻기 위해 연구되어서는 안 된다. 일반적으로 명확한 해답이 참이라는 것을 알 수 없기 때문이다. 오히려 철학은 그 질문들 자체를 위해 연구되어야 한다. 그 질문들이 가능성에 대한 우리의 이해를 넓혀주고, 우리의 지적 상상력을 풍부하게 하며, 사변에 마음을 닫게 만드는 독단적인 확신을 줄여주기 때문이다. 그러나 무엇보다도, 철학이 관조하는 우주의 위대함을 통해 정신 또한 위대해지고, 우주와의 합일에 이르게 되며, 바로 이것이 정신의 최고선이 되기 때문이다.

■ 참고문헌

철학에 대한 기초적인 지식을 얻고자 하는 사람이라면 개론서를 통해 전체적인 관점을 얻으려 하기보다, 위대한 철학자들의 저작을 직접 읽는 것이 더 쉽고도 유익하다는 것을 알게 될 것이다. 특히 다음의 저작들을 권한다.

플라톤 : 〈국가Republic〉, 특히 제6권과 제7권
데카르트 : 〈성찰Meditations〉
스피노자 : 〈에티카Ethics〉
라이프니츠 : 〈모나드론The Monadology〉
버클리 : 〈힐라스와 필로누스의 세 가지 대화Three Dialogues between Hylas and Philonous〉
흄 : 〈인간 이해에 관한 탐구Enquiry concerning Human Understanding〉
칸트 : 〈미래 형이상학을 위한 모든 서론Prolegomena to any Future Metaphysic〉

부록 : 〈철학의 문제들〉에 대하여

간결하고 친절한 철학 입문서

철학의 중심적인 문제들을 명료하고도 깊이 있게 다룬《철학의 문제들》은 철학을 처음 접하는 이들에게 가장 널리 읽히는 고전으로 손꼽힌다. 러셀은 이 책에서 우리가 일상적으로 당연하게 여기는 지식과 현실, 진리와 경험에 관한 물음을 다시 던지며, 철학의 중심적인 문제들을 명료한 문체로 풀어낸다. 그는 답을 제시하는 동시에 독자가 그 답을 의심하고 스스로 사유하도록 이끌며, 철학의 핵심적인 태도인 비판적 사고를 자연스럽게 체득하게 한다.

책의 앞부분에서는 버클리의 관념론과 데카르트의 회의론을 검토하면서 우리가 경험하는 세계와 감각의 신뢰성에 대해 근본적인 질문을 던진다. 이어서 귀납의 원리를 통해 과학적 지식의 확실성을 의심하게 만들고, 수학적 진리와 사고의 법칙을 논의하면서 합리주의와 경험주의의 대립을 날카롭게 분석한다.

이처럼《철학의 문제들》은 철학의 주요 개념과 논점을 폭넓게 다루면서도 간결하고 친절하여, 철학에 입문하려는 독자에게 훌륭한 길잡이가 된다. 오늘날에도 여전히 유효한 이 작은 고전은 철학이라는 거대한 세계로 들어가는 가장 확실한 입구라 할 수 있다.

  이 책은 주로 지식에 관한 철학적 사유인 인식론을 다룬다. 러셀은 먼저 '무엇이 실제로 존재하는가?', '우리가 경험하는 것이 실제로 일어나고 있다고 믿을 수 있는가?'라는 철학의 오래된 질문을 제기한다. 흔히 농담처럼 던져지는 이 물음을 러셀은 단순한 가설적 상황으로 남겨두지 않고, 우리가 경험하는 세계, 또는 최소한 경험한다고 생각하는 세계를 이해하기 위한 진지한 설명으로 전환시킨다.

  수학과 논리 같은 선험적(a priori) 원리가 존재함을 인정하면서도, 지식이 경험에 의해 영향을 받는다는 사실을 놓치지 않는다. 그는 칸트의 철학, 플라톤의 이데아, 보편자에 대한 논의까지 폭넓게 다루며, 철학적 전통 속에서 '우리는 무엇을 어떻게 알 수 있는가'라는 질문을 탐구한다.

  러셀이 제시한 지식의 구분은 간결하고 인상 깊다. 그는 우리가 직접 경험을 통해 알게 되는 직접적 인식에 의한 지식(knowledge by acquaintance)과, 직접 경험하지 않았지만 설명을 통해 아는 기술에 의한 지식(knowledge by description)을 구분한다.

  예컨대 눈앞의 탁자가 가진 성질에 대한 지식은 전자의 경우이고, 내가 직접 만나본 적은 없지만 영국의 여왕이 존재한다는 사실을 아는 것은 후자의 경우다. 러셀은 이러한 '사물'에 대한 지식과, 보다 논리적이거나 직관적인 방식으로 얻는 '진리'에 대한 지식을 다시 구별하면서, 우리가 무엇을 어떻게 알 수 있는지에 대한 철학적 사유의 출발점을 마련한다.

  러셀은 '진리에 관한 지식'을 탐구하면서 귀납의 원리를 다루는데,

이는 과학적 발견의 확실성을 단순하면서도 효과적으로 의심하게 만든다. 이어 그는 수학적 진리에 대한 문제를 제기하며, 순수 수학이 어떻게 가능한가라는 칸트 이래의 오래된 질문을 다룬다. 또한 철학이 수학 속에서 어떤 함의를 지니는지, 그리고 두 영역을 결합해 탐구할 수 있는 가능성을 보여준다. 수학에 깊은 배경을 지닌 러셀의 관점은 수학적 진리에 대한 그의 논의를 더욱 탄탄하고 친숙하게 만들어준다.

러셀은 이 짧은 저서를 철학의 한계와 목적에 대한 논의로 마무리한다. 그는 철학의 문제와 불확실성 자체가 철학을 공부하는 이유라고 강조한다. 철학은 우리가 사는 세계를 깊이 탐구하게 만들며, 비판과 논쟁을 가능하게 하지만, 동시에 물리적 실재에만 국한되는 과학과는 또 다른 방식으로 세계를 다루기 때문이다. 철학은 명확한 답을 얻기 위한 것이 아니라, 질문 그 자체를 통해 사고의 지평을 넓히고 지적 상상력을 풍부하게 하며, 사유를 가로막는 독단을 줄여주는 데 의미가 있다는 것이다.

《철학의 문제들》은 흥미롭고 논리적인 내용으로 가득하며, 러셀이 자신의 사상을 풀어내는 방식은 명료하고 간결하다. 무엇보다 철학에 대한 사전 지식이 전혀 없는 독자도 부담 없이 읽을 수 있도록 집필되어 있다. 고전 철학의 물음과 문제들을 아우르는 압도적인 저작으로, 모든 철학도—일반 독자든 전문가든—의 서가에 반드시 자리해야 할 걸작이다.

■ 버트런드 러셀 연보

- 1872년 5월 18일 : 영국 웨일스에서 출생. 영국의 총리를 지낸 존 러셀 백작의 손자로 태어났다.
- 1874년 : 어머니와 누나, 아버지마저 병으로 별세. 조부모의 보살핌 속에서 고독한 유년기를 보냈다.
- 1890년 : 케임브리지 트리니티 칼리지 입학. 수학과 철학 전공. 이 시절 화이트헤드(Alfred North Whitehead)와 교류했다.
- 1893년 : 케임브리지에서 최우등으로 졸업.
- 1896년 : 첫 저서 《독일 사회민주주의》 출간. 사회, 정치 문제에 본격적으로 관심을 보였다.
- 1902년 : 수학의 기초 원리를 연구하며, 집합론의 기초를 뒤흔드는 《러셀의 역설》을 출간한다.
- 1903년 : 《수학 원리》 출간. 수리논리학을 제시.
- 1910~1913년 : 화이트헤드와의 공저 《수학 원리(Principia Mathematica)》(전3권) 발간. 논리학과 수학 철학의 기념비적 저작.
- 1916년 : 제1차 세계대전 반대 활동을 펼쳐 트리니티 칼리지에서 강의 금지.
- 1918년 : 전쟁 반대 운동으로 투옥(6개월)되어 수감 중 〈수학철학 입문〉 집필.

- 1920년 : 소비에트 러시아 방문, 레닌과 회견. 사회주의 실험에 비판적 입장 견지.
- 1931년 : 형 프랭크가 죽으면서 러셀 백작 작위(3대 백작)를 계승.
- 1938년 : 나치즘 확산을 피해 미국으로 건너감.
- 1940년 : 뉴욕 시립대학에서 강의하려 했으나 그의 사상과 사생활 문제로 임용 취소 사건 발생.
- 1944년 : 제2차 세계대전 후 영국으로 귀국하여 케임브리지 복직.
- 1948년 : '러셀-아이슈타인 선언'의 기반이 되는 과학자 모임에 관여. 핵무기의 위협을 경고했다.
- 1950년 :《서양철학사》등 업적을 인정받아 노벨 문학상 수상.
- 1963년 이후 : 베트남전 반대, 제3세계 문제 등 국제 평화, 정의 운동에 적극 참여.
- 1970년 2월 2일 : 영국 웨일스에서 사망(향년 97세)